論文・レポート作成に使う Word 2024 活用法

スタイル活用テクニックと数式ツールの使い方

相澤裕介●著

本書で取り上げられているシステム名／製品名は、一般に開発メーカーの登録商標／商品名です。本書では、™および®マークを明記していませんが、本書に掲載されている団体／商品に対して、その商標権を侵害する意図は一切ありません。

はじめに

　本書は「卒業論文の作成」に的を絞ってWordの使い方を解説した書籍です。近年、スマートフォンが普及したことにより、「パソコンに不慣れな学生が増えた」という話をよく耳にします。確かにスマートフォンやタブレットは便利な情報端末ですが、就職して社会人になると、パソコン、特にWordを使った文書作成が必須のスキルになります。社会人になってから苦労しなくても済むように、今のうちにWordの正しい使い方を習得しておくとよいでしょう。

　本書を手にした皆さんは、これから卒業論文の執筆を始める方、もしくは卒業論文を書き始めてみたものの「Wordの便利な使い方がよくわからない……」という方が多いと思います。1～2ページ程度の文書であれば、適当にWordを操作して文書を作成することも不可能ではありません。しかし、卒業論文のように何十ページにも及ぶ文書を作成するには、Wordを効率よく使う方法を学んでおく必要があります。これを理解しないまま文書を作成していくと、必要以上に手間がかかったり、思いどおりのレイアウトに仕上がらなかったりする恐れがあります。

　すでにWordの使用経験がある方は、フォントや文字サイズの変更といった簡単な編集作業を問題なく行えると思います。しかし、これだけの知識で何十ページにも及ぶ文書を効率よく作成することはできません。そのつど書式を指定していくだけでも面倒な作業になりますし、目次の作成や図表番号の扱いなどを自動化できないと、余計な手間をかけて文書（論文）を作成することになります。

　Wordで長い文書を作成するときは、スタイルやアウトライン レベルを上手に活用するのが基本です。これらの使い方を知っている場合とそうでない場合では、作業効率に雲泥の差が出ます。そのほか、画像の扱い、表、グラフ、数式の作成など、必要となる機能の使い方を調べながら作業しているようでは、肝心の文書作成に集中できません。卒業論文の作成に追われる忙しい時期だからこそ、本書を一読してWordの効率的な使い方を学んでおいてください。遠回りのように見えても、最終的には短い期間で卒業論文を仕上げられると思います。

2024年12月　相澤 裕介

◆ **サンプルデータについて**

　本書の解説で使用したサンプルデータは、以下のURLからダウンロードできます。Wordの使い方を学ぶときの参考にしてください。

　https://cutt.jp/books/978-4-87783-561-3/

目　次

第1章　Wordの基本　　　　　　　　　　　　1

1.1　Wordの起動と文字入力 ……………………………………… 2
- **1.1.1**　Wordの起動 …………………………………………… 2
- **1.1.2**　文字の入力 …………………………………………… 6
- **1.1.3**　タブとリボン ………………………………………… 6

1.2　文書ファイルの保存 …………………………………………… 8
- **1.2.1**　文書ファイルの保存方法 …………………………… 8
- **1.2.2**　文書ファイルの読み込み …………………………… 10
- **1.2.3**　文書ファイルの上書き保存 ………………………… 11
- **1.2.4**　OneDriveについて ………………………………… 12
- **1.2.5**　自動保存について …………………………………… 15

1.3　行間が広すぎる場合の対処法 ……………………………… 16
- **1.3.1**　初期設定されている行間の違い …………………… 16
- **1.3.2**　標準テンプレートの修正 …………………………… 17

1.4　文字の書式 ……………………………………………………… 22
- **1.4.1**　文字書式の指定手順 ………………………………… 22
- **1.4.2**　フォント／文字サイズ／文字色 …………………… 24
- **1.4.3**　太字／斜体／下線 …………………………………… 28
- **1.4.4**　上付き／下付き ……………………………………… 29
- **1.4.5**　「フォント」ウィンドウ …………………………… 30

1.5　段落の書式 ……………………………………………………… 31
- **1.5.1**　段落とは？ …………………………………………… 31
- **1.5.2**　段落書式の指定手順 ………………………………… 32
- **1.5.3**　文字の配置 …………………………………………… 33
- **1.5.4**　インデント …………………………………………… 35

v

	1.5.5	行間	36
	1.5.6	段落前後の間隔	41
	1.5.7	「段落」ウィンドウ	42

1.6 ページ設定 44

	1.6.1	用紙サイズの指定	44
	1.6.2	余白の指定	45
	1.6.3	「ページ設定」ウィンドウ	46
	1.6.4	2段組みの指定	49

1.7 その他、覚えておくべき基本機能 53

	1.7.1	画面表示の拡大／縮小	53
	1.7.2	文書の印刷	54
	1.7.3	編集記号の表示／非表示	55
	1.7.4	改ページ／セクション区切り	58
	1.7.5	コピー／貼り付け	63
	1.7.6	元に戻す／やり直し	63
	1.7.7	操作アシストの活用	64

第2章　論文作成の基本テクニック　　65

2.1 卒業論文の書き方 66

	2.1.1	卒業論文の基本構成	66
	2.1.2	卒業論文を執筆するときの注意点	71

2.2 用紙と本文の書式設定 73

	2.2.1	用紙サイズと余白の指定	73
	2.2.2	文字数と行数の指定	75

2.3 スタイルの活用 77

	2.3.1	スタイルとは？	77
	2.3.2	スタイルの作成	78
	2.3.3	スタイルの適用	81

	2.3.4	スタイルの編集	84
	2.3.5	文字スタイル	87
	2.3.6	スタイルを快適に利用するために	91
2.4	**アウトライン レベルの指定**		**98**
	2.4.1	アウトライン レベルとは？	98
	2.4.2	アウトライン レベルの指定	98
	2.4.3	スタイルにアウトライン レベルを指定	100
2.5	**見出し番号の自動入力**		**103**
	2.5.1	見出し番号を自動入力する場合の設定手順	103
	2.5.2	見出し番号の配置調整	110
2.6	**スタイルの確認**		**113**
	2.6.1	本文（標準）のスタイル	113
	2.6.2	章見出しのスタイル	116
	2.6.3	節見出しのスタイル	117
	2.6.4	項見出しのスタイル	119
	2.6.5	文字スタイルについて	120
2.7	**表紙と概要の作成**		**121**
	2.7.1	表紙の作成	121
	2.7.2	概要の作成	126
	2.7.3	セクション区切りの挿入	129
2.8	**ページ番号と目次**		**131**
	2.8.1	文書全体の構成	131
	2.8.2	ページ番号の配置	132
	2.8.3	目次の作成	137
	2.8.4	目次の書式設定	140
	2.8.5	目次の更新	144
2.9	**謝辞と参考文献**		**146**
	2.9.1	謝辞の作成	146
	2.9.2	参考文献の作成	149
	2.9.3	目次の更新	155

第3章　図表と数式　　157

3.1　画像の挿入と図表番号 ·· 158
　3.1.1　画像の挿入とサイズ調整 ······································ 158
　3.1.2　画像の配置 ··· 162
　3.1.3　図表番号の挿入 ··· 163
　3.1.4　図表番号の書式設定 ··· 166
　3.1.5　相互参照の挿入 ··· 167
　3.1.6　図表番号と相互参照の更新 ··································· 170

3.2　表の作成と編集 ·· 172
　3.2.1　表の作成 ··· 172
　3.2.2　表内の文字の書式 ··· 175
　3.2.3　罫線の書式指定 ··· 177
　3.2.4　表の配置 ··· 180
　3.2.5　図表番号の挿入 ··· 183
　3.2.6　相互参照の挿入 ··· 185

3.3　グラフの作成と編集 ·· 187
　3.3.1　グラフの作成 ··· 187
　3.3.2　グラフの配置 ··· 191
　3.3.3　グラフの編集 ··· 192
　3.3.4　図表番号の挿入 ··· 196

3.4　数式の入力 ·· 198
　3.4.1　数式の入力 ··· 198
　3.4.2　LaTexコマンドを使った数式入力 ······························ 206
　3.4.3　文中数式の入力 ··· 208
　3.4.4　数式番号の挿入 ··· 210

第4章　論文作成を補助する機能　　215

4.1　ナビゲーション ウィンドウ ……………………………………… 216
- **4.1.1**　ナビゲーション ウィンドウの表示 …………………………… 216
- **4.1.2**　指定箇所の表示 …………………………………………………… 217
- **4.1.3**　文章構成の変更 …………………………………………………… 218

4.2　検索と置換 …………………………………………………………… 219
- **4.2.1**　検索の実行手順 …………………………………………………… 219
- **4.2.2**　置換の実行手順 …………………………………………………… 221

4.3　文章の校正 …………………………………………………………… 224
- **4.3.1**　スペルチェックと文章校正 …………………………………… 224

4.4　PDFファイルの作成 ……………………………………………… 227
- **4.4.1**　PDFファイルに変換して保存 ………………………………… 227
- **4.4.2**　PDFファイルの設定 …………………………………………… 231

索引 ………………………………………………………………………………… 234

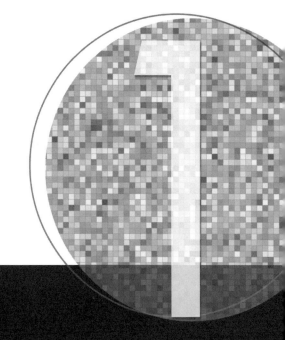

第 1 章

Wordの基本

- 1.1　Wordの起動と文字入力
- 1.2　文書ファイルの保存
- 1.3　行間が広すぎる場合の対処法
- 1.4　文字の書式
- 1.5　段落の書式
- 1.6　ページ設定
- 1.7　その他、覚えておくべき基本操作

第1章では、Wordの基本操作について学習します。Wordで文書を作成するときに必須となる操作なので、よく覚えておいてください。すでにWordを活用している方も復習として一読しておくとよいでしょう。

1.1 Wordの起動と文字入力

まずは、Wordを起動するときの操作手順と文字入力について解説します。文書を「白紙の状態」から作成するときは、以下に示した手順でWordを起動します。

1.1.1 Wordの起動

Wordの起動方法は、一般的なアプリを起動する場合と同じです。**スタートメニュー**に「**Word**」の**アイコン**が表示されている場合は、このアイコンをクリックします。

スタートメニューに「Word」のアイコンが表示されていない場合は、[**すべて**]をクリックし、アプリの一覧から「Word」を選択します。

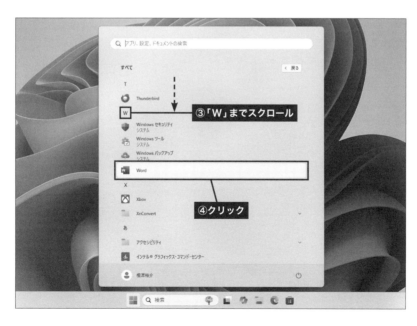

Wordを起動すると、最初に以下のような画面が表示されます。この画面で「**白紙の文書**」をクリックすると、何も入力されていない文書が画面に表示されます。

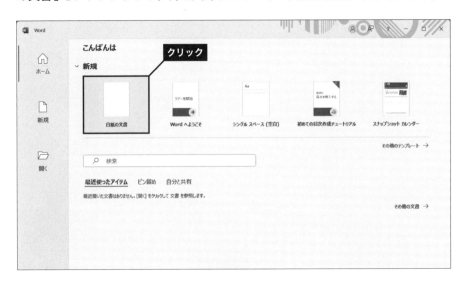

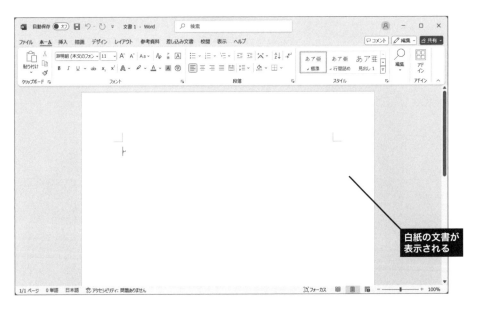

第1章　Wordの基本
1.1　Wordの起動と文字入力

スタートメニューに「Word」を登録するには？

　スタートメニューの［すべて］をクリックして以下のように操作すると、スタートメニューに「Word」のアイコンを登録できます。

　その後、もういちどスタートメニューを開いて下方向へスクロールしていくと、「Word」のアイコンが登録されているのを確認できます。

　なお、この画面で「Word」のアイコンをドラッグして、アイコンの並び順を変更することも可能です。

5

1.1.2 文字の入力

　白紙の文書を表示できたら、文書に文字を入力していきます。この操作について特筆すべき点はありません。他の一般的なアプリと同様に、キーボードを使って文字入力や漢字変換を行います。文章を改行するときは［Enter］キーを押します。

　起動直後のWordは入力モードが**全角入力モード**になっているため、そのままキーを押していくだけで日本語の文章を入力できます。半角の英数字を入力するときは、［半角/全角］キー（または［Caps Lock］キー）を押して入力モードを切り替えてください。

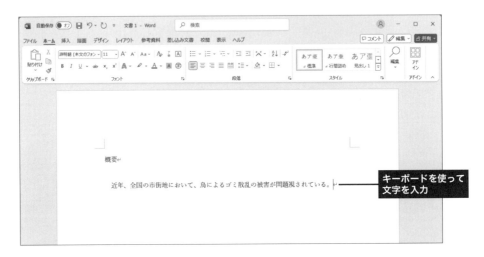

1.1.3 タブとリボン

　Wordでは**タブ**と**リボン**を使って編集作業を進めていきます。続いては、タブとリボンについて解説していきます。

6

■タブ

最初にタブで大まかな操作を指定します。選択したタブに応じてリボンに表示される内容（コマンド）が切り替わります。

■リボン

操作コマンドの一覧がアイコンなどで表示されます。表示されるコマンドは選択しているタブに応じて変化します。たとえば［挿入］タブを選択すると、リボンの表示は以下の図のように変化します。

図1-1　［挿入］タブを選択したときのリボンの表示

リボンに表示されるコマンドは、ウィンドウの幅に応じて配置が変化する仕組みになっています。たとえば、［ホーム］タブを選択した状態でウィンドウの幅を小さくすると、リボンの表示は図1-2のようになり、一部のコマンド（この例では「段落」グループ）がサブメニューとして配置されるようになります。

図1-2　ウィンドウの幅を小さくしたときのリボンの表示

このように、リボンの表示は各自の環境に応じて変化する仕組みになっています。リボンを操作するときは、「位置」ではなく「図柄や文字」で操作すべきアイコンを探し出すようにしてください。

1.2 文書ファイルの保存

　作成した文書を消さずに残しておくには、文書をファイルに**保存**しておく必要があります。続いては、文書をファイルに保存するときの操作手順、ならびにOneDriveについて解説します。

1.2.1 文書ファイルの保存方法

　Wordで作成した文書をファイルに保存するときは、［ファイル］タブを利用します。まずは、Wordの文書ファイルをパソコンに保存するときの操作手順から解説します。

① 文書をファイルに保存するときは［**ファイル**］**タブ**を選択します。

② 以下のような画面が表示されるので、「**名前を付けて保存**」を選択します。

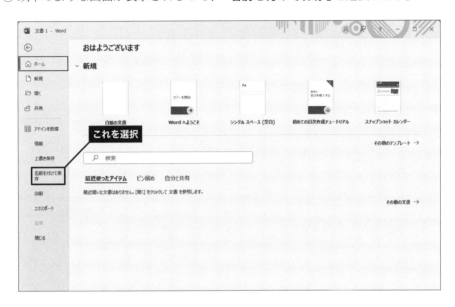

③ 続いて、ファイルの保存先を指定します。「**参照**」をクリックして保存画面を開きます。

④ **保存先フォルダー**と**ファイル名**を指定し、[**保存**]**ボタン**をクリックすると、ファイルの保存を実行できます。

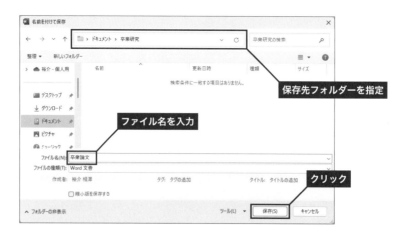

1.2.2 文書ファイルの読み込み

　ファイルに保存した文書を開くときは、Wordファイルのアイコンを**ダブルクリック**します。すると自動的にWordが起動し、ウィンドウ内に文書が表示されます。

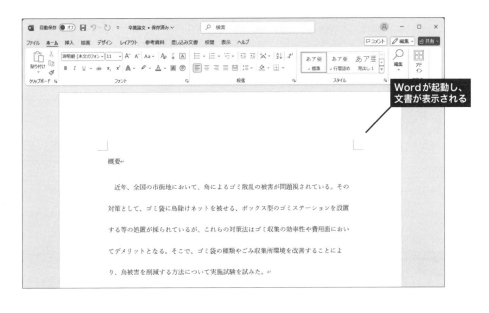

1.2.3 文書ファイルの上書き保存

すでに保存されている文書に修正を加えたときは、**上書き保存**を実行してファイルを更新しておく必要があります。この操作を行うときは、[**ファイル**]**タブ**を選択し、「**上書き保存**」をクリックします。

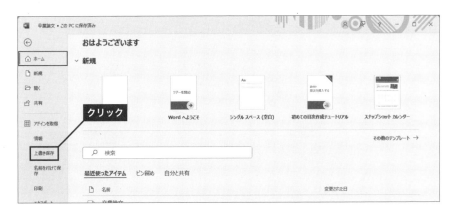

そのほか、キーボードの[**Ctrl**]+[**S**]**キー**を押す、クイックアクセス ツールバーにある🖫をクリックする、といった操作でも上書き保存を実行できます。

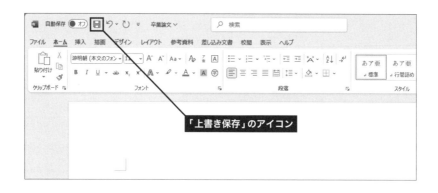

1.2.4 OneDrive について

　Wordで作成した文書を**OneDrive**に保存することも可能です。OneDriveはマイクロソフトが提供する無料のクラウド ストレージで、インターネット上にファイルを保存できるサービスとなります。自分のパソコンだけでなく、研究室にあるパソコンなどでも文書の閲覧や編集を行いたい場合は、OneDriveに文書ファイルを保存しておくとよいでしょう。

※OneDriveを利用するには、Microsoftアカウントでサインインしておく必要があります。

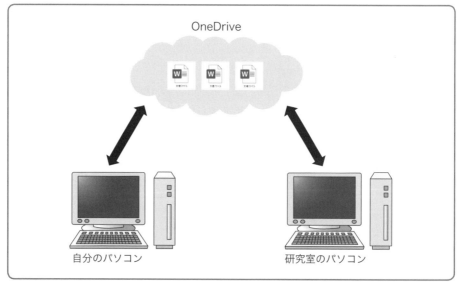

図1-3　OneDriveのイメージ

文書をOneDriveに保存するときは、以下の手順でファイルの保存を実行します。

① [ファイル] タブを選択し、「**名前を付けて保存**」をクリックします。続いて、「**OneDrive - 個人用**」を選択し、さらに「**OneDrive - 個人用**」を選択します。

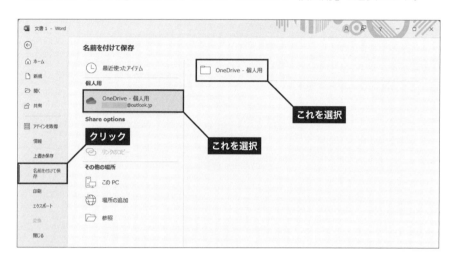

② 保存先のフォルダーを開き、**ファイル名**を入力して [**保存**] ボタンをクリックすると、OneDriveにファイルを保存できます。

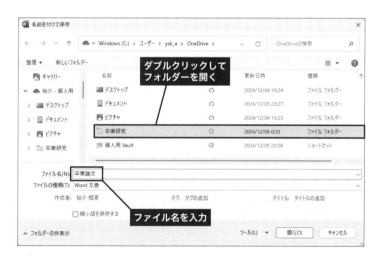

OneDriveに保存したファイルを開くときは、フォルダー画面（エクスプローラー）の左側で「**(ユーザー名) - 個人用**」を選択します。すると、OneDrive 内に保存されているファイルやフォルダーが一覧表示されます。ここで文書ファイルのアイコンをダブルクリックすると、その文書をWordで開くことができます。

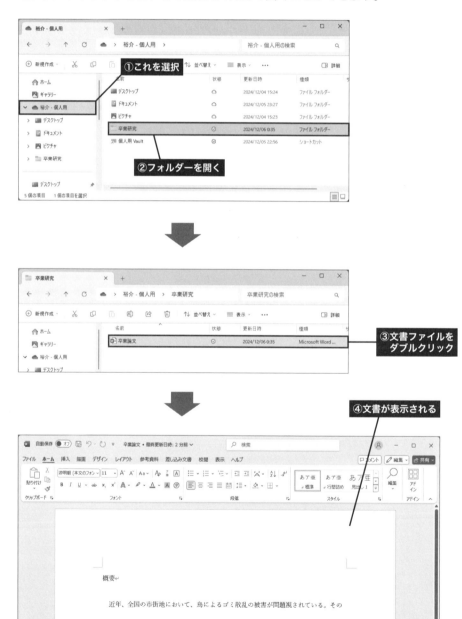

Windowsの「OneDrive」フォルダーは、インターネット上にあるOneDriveと自動的に同期される仕組みになっています。このため、通常のファイル（パソコンに保存したファイル）と同じような感覚でOneDrive内にあるファイルを扱えます。

1.2.5　自動保存について

　OneDriveに文書ファイルを保存すると、**自動保存**が「**オン**」になり、数秒間隔で自動的に**上書き保存**が実行されるようになります。このため、自分で上書き保存しなくても「常に最新の状態」に文書ファイルを保つことができます。

　ただし、誤った操作をしたときも自動保存が実行されることに注意してください。たとえば、誤操作により文章を削除してしまうと、その文章を削除した状態でファイルの上書き保存が実行されてしまいます。
　このようなトラブルを避けるには、**自動保存**を「**オフ**」にして、自分で上書き保存するように設定を変更しておくと確実です。

　上書き保存は[Ctrl]+[S]キーを押すだけで実行できるので、この機会に自分で上書き保存する習慣を身に着けておくとよいでしょう。

1.3 行間が広すぎる場合の対処法

2024年頃からWordの「標準テンプレート」が改変された結果、環境によっては「行間」が広すぎる状態になっている場合があります。続いては、Wordの標準テンプレートを修正する手順を紹介しておきます。

1.3.1 初期設定されている行間の違い

Wordを起動して2行以上の文章を入力したときに、かなり広い行間で文字が配置されてしまう場合もあります（以下の図を参照）。これは、**新しい標準テンプレート**が適用されていることが原因です。

従来の標準テンプレート（修正不要）

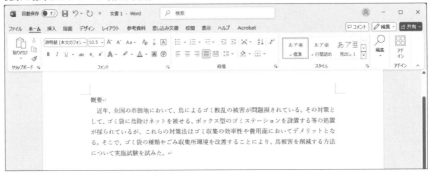

新しい標準テンプレート（要修正）

1.3.2 標準テンプレートの修正

　新しい標準テンプレートは論文の作成に向いていません。前ページの「下の図」のようになっていた場合は、以下の手順で標準テンプレート（Normal.dotm）を従来の書式に戻しておくことをお勧めします。

① Wordを起動し、「**白紙の文書**」をクリックします。

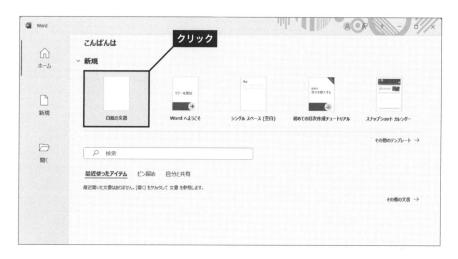

② ［**ホーム**］タブの「**フォント**」グループにある をクリックします。

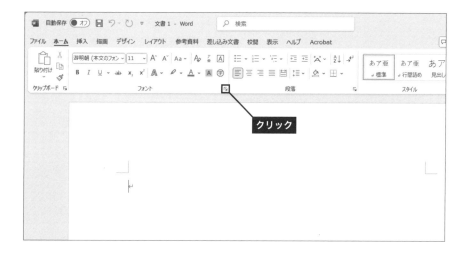

③ **文字サイズ**を「10.5」に変更します。

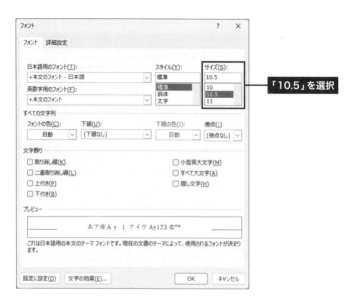

④ ［**詳細設定**］**タブ**を選択し、**合字**を「**なし**」に変更します。続いて、［**既定に設定**］**ボタン**をクリックします。

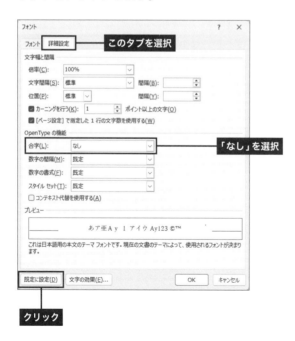

⑤ このような画面が表示されるので、「Normalテンプレートを使用したすべての文書」を選択し、[OK]ボタンをクリックします。

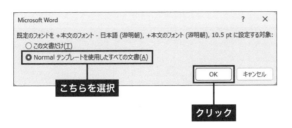

⑥ 続いて、[ホーム]タブの「段落」グループにある 🔽 をクリックします。

⑦ 配置を「両端揃え」に変更します。

⑧ **段落後**を「0pt」に変更し、**行間**を「1行」に変更します。続いて、[**既定に設定**] **ボタン**をクリックします。

⑨ このような画面が表示されるので、「Normalテンプレートを使用したすべての文書」を選択し、[OK]ボタンをクリックします。

⑩ これで標準テンプレートの修正は完了です。試しに適当な文章を入力してみると、「従来の標準テンプレート」と同じ書式で文字が配置されるのを確認できます。

⑪ ウィンドウの右上にある[X]をクリックしてWordを終了します。なお、この文書を保存しておく必要はないので、[**保存しない**]**ボタン**をクリックします。

　以降は、「修正した標準テンプレート」で「白紙の文書」が表示されるようになります。このため、「行間が広すぎる……」という問題は発生しなくなります。Word全般に関わる問題なので、この機会に修正しておいてください。

1.4 文字の書式

ここからは、文書に入力した文字の書式を指定する方法を解説していきます。文字の書式を指定するときは［ホーム］タブのリボンを利用するのが一般的です。

1.4.1 文字書式の指定手順

文字の書式を指定するときは、マウスをドラッグして文字を選択し、［ホーム］タブのリボンで書式を指定します。

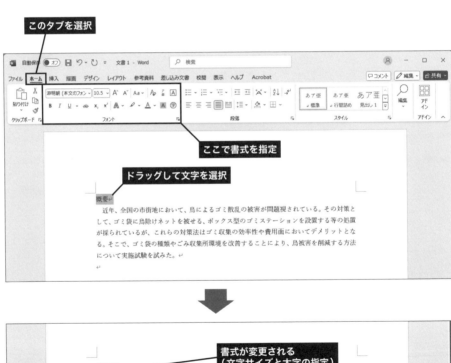

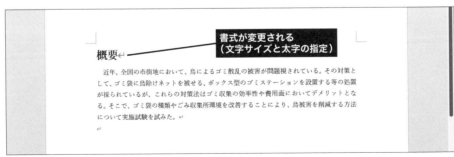

また、先に書式を指定しておく方法もあります。この場合は［ホーム］タブで書式を指定してから文字の入力を行います。

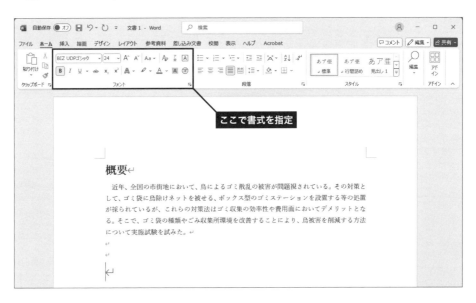

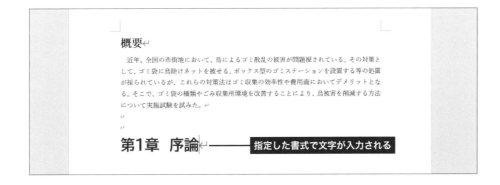

書式の引き継ぎ

　文書の途中に文字を入力した場合は、「直前にある文字の書式」が引き継がれる仕組みになっています。このため、あらためて書式指定を行わなくても「直前の文字と同じ書式」で文字を入力できます。

1.4.2 フォント／文字サイズ／文字色

　ここからは、文字の書式を指定するときの具体的な操作手順について解説していきます。まずは、フォント／文字サイズ／文字色の指定方法を解説します。

　フォントは書体を指定する書式で、最初は「游明朝」というフォントが指定されています。これを他のフォントに変更するときは、「**フォント**」の▽をクリックして一覧からフォントを選択します。

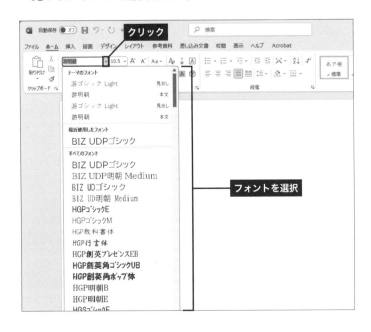

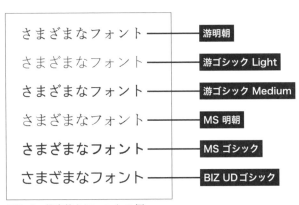

図1-4　代表的なフォントの例

日本語フォントと欧文フォント

　フォントは「**日本語フォント**」と「**欧文フォント**」の2種類があります。このうち「欧文フォント」は半角文字にのみ対応するフォントになるため、漢字などの全角文字に「欧文フォント」を指定すると、その操作は無視されてしまいます。
　フォントの一覧（すべてのフォント）には、「日本語フォント」→「欧文フォント」の順番で、それぞれフォントがABC順に並んでいます。この並び順を見ることでフォントの種類を見分けることができます。

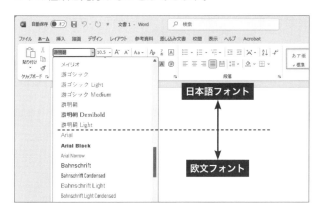

プロポーショナルフォントと等幅フォント

　「ＭＳ Ｐ 明朝」や「HGPゴシックE」のように、フォント名に「P」の文字が含まれるフォント（**プロポーショナルフォント**）は、文字の形状に応じて文字間隔を詰めて配置するフォントとなります。一方、「MS 明朝」や「HG ゴシックE」のように、フォント名に「P」の文字が含まれていないフォント（**等幅フォント**）は、すべての文字が等間隔で配置される仕組みになっています。このように、同じ書体であっても、文字の配置方法に違いがあることを覚えておいてください。
　なお、「HGSゴシックE」のように、フォント名に「S」の文字が含まれるフォントは、縦書き用に最適化されたフォントとなります。

文字サイズを変更するときは、「**フォント サイズ**」の⌄をクリックして一覧から文字サイズを選択します。

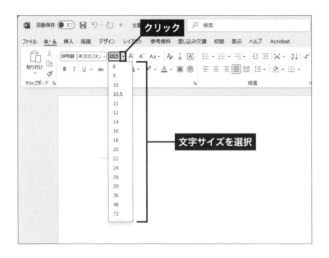

図1-5　文字サイズの例

フォント サイズの単位

　文字サイズは**ポイント（pt）**という単位で指定します。1ポイントは1/72インチになるため、メートル法に換算すると約0.352778mmになります。このため、10.5ポイントの文字は約3.7mm四方の文字サイズになります。

数値を直接入力して文字サイズを指定

　一覧にない文字サイズを指定するときは、「フォント サイズ」のボックス内に数値を直接入力して文字サイズを指定します。ただし、文字サイズの最小単位は0.5ポイントになるため、「10.3」や「10.75」のように0.5で割り切れない数値を指定することはできません。

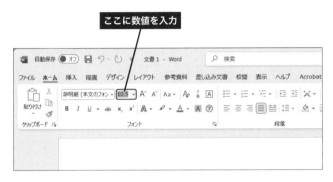

　文字色を変更するときは、A（**フォントの色**）の⌄をクリックして一覧から色を選択します。

　また、ここで「**その他の色**」を選択すると「**色の設定**」ウィンドウが表示され、好きな色を自由に指定できるようになります。

 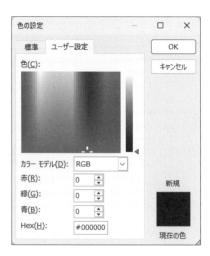

図1-6 「色の設定」ウィンドウ

1.4.3 太字／斜体／下線

　文字を**太字**や**斜体**にしたり、**下線**や**取り消し線**を引いたりするときは、以下に示したアイコンで書式を指定します。アイコンをクリックするごとに各書式の有効／無効が切り替わります。

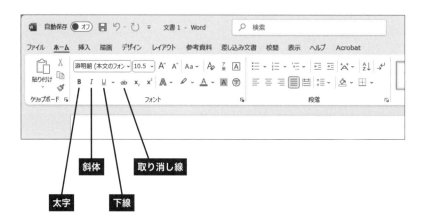

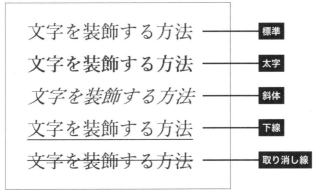

図1-7 太字／斜体／下線／取り消し線の例

1.4.4 上付き／下付き

　同様の手順で**上付き**や**下付き**の書式を指定することも可能です。下付きの書式は、化学式を記述する場合などに利用できます。上付きの書式は、参考文献や脚注の番号を記す場合などに利用できます。

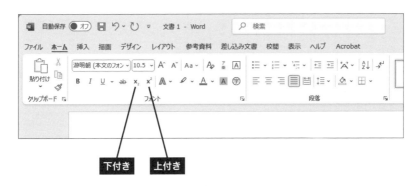

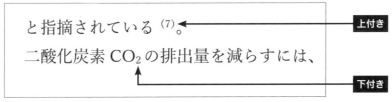

図1-8 上付き／下付きの例

さらに斜体の書式を組み合わせて、x^2 や x_n などの文字を表記することも可能ですが、一般的な数式で用いられるイタリック（斜体）にはならないことに注意してください。x^2 や x_n のように表記するには、**数式ツール**を使用しなければいけません。数式ツールの使い方については、本書の3.4節で詳しく解説します。

1.4.5 「フォント」ウィンドウ

これまでに紹介してきた文字の書式は、「**フォント**」**ウィンドウ**でも指定できます。念のため、使い方を覚えておくとよいでしょう。「フォント」ウィンドウを使用するときは、［**ホーム**］**タブ**の「**フォント**」**グループ**にある をクリックします。

「フォント」ウィンドウの［**フォント**］**タブ**では、フォント、文字サイズ、文字色、太字／斜体／下線などの書式を指定できます。「二重取り消し線」や「小型英大文字」のように、［ホーム］タブには用意されていない書式もあります。［**詳細設定**］**タブ**では、文字の倍率（縦横の比率）や文字間隔などを変更することができます。

1.5 段落の書式

　続いては、**段落の書式**について解説します。以降に示す書式は、「文字」ではなく「段落」に対して指定する書式となります。文書のレイアウトにも関わる書式なので、各書式の意味や指定方法をよく理解しておいてください。

1.5.1 段落とは？

　Wordは、文章の始まりから改行までを1つの**段落**とみなします。よって、[Enter]キーを入力する度に段落が区切られていきます。この考え方は一般的な「段落」と大差がないため、特に混乱することなく作業を進められると思います。ただし、「1行だけの文章」や「見出し」も1つの段落として扱われることに注意してください。

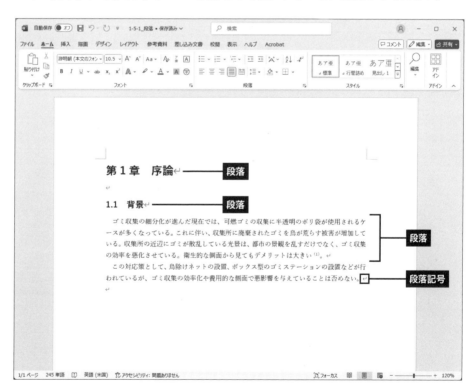

1.5.2 段落書式の指定手順

　段落の書式を指定するときは、最初に「書式指定の対象にする段落」を選択しておく必要があります。段落を選択するときは、以下のいずれかの操作を行います。

　　① 段落全体を選択する
　　② 段落内の一部の文字を選択する
　　③ 段落内にカーソルを移動する

　続いて［ホーム］タブのリボンを操作すると、段落の書式を指定できます。もちろん、②や③の方法で段落を選択した場合も、段落全体に書式が適用されます。

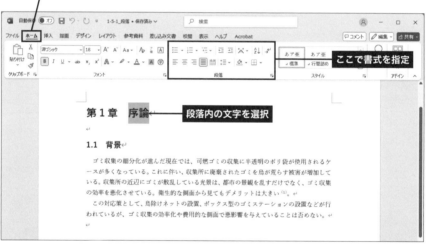

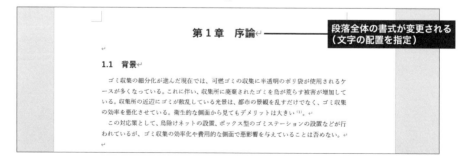

1.5.3 文字の配置

それでは、段落の書式について解説していきましょう。まずは各行を揃える位置を指定する**配置**について解説します。Wordには、以下の5種類の配置方法が用意されています。

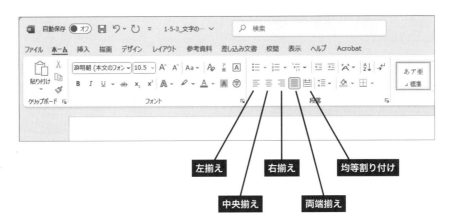

これらのうち一般的によく使用されるのは、「**両端揃え**」「**中央揃え**」「**右揃え**」の3種類です。文字の配置は、それぞれ以下の図のようになります。

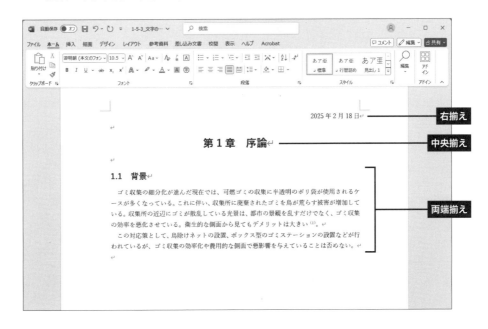

「左揃え」と「両端揃え」はよく似た配置になりますが、右端の処理方法が異なることに注意してください。「**両端揃え**」を指定した場合は、文字と文字の間隔が自動調整されるため、左右の両端を揃えて文字を配置できます。一方、「**左揃え**」を指定した場合は、文字と文字の間隔が自動調整されないため、プロポーショナルフォント（P25参照）を使用したり、文章の途中に半角文字を入力したりしたときに、文章の右端が揃わない場合があります。

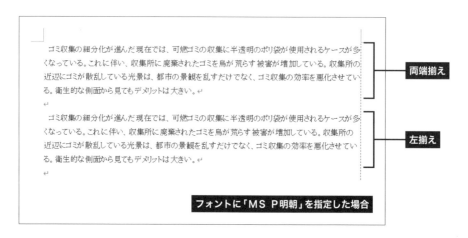

「**均等割り付け**」は、文書の幅全体に文字を等間隔で配置するときに利用します。ただし、論文などの文書では「均等割り付け」を利用する機会は滅多にありません。

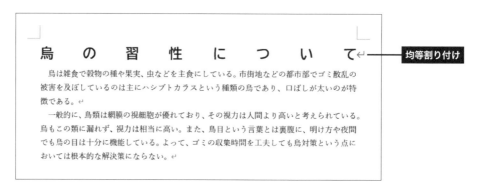

1.5.4 インデント

　段落の左側に余白を設けるときは**インデント**という書式を利用します。［ホーム］タブにある ≡（**インデントを増やす**）をクリックすると、1文字分（10.5pt）の余白が左側に設けられます。さらに ≡ をクリックしていくと、2文字分、3文字分、……の余白を設けることができます。

　指定したインデントを解除するときは ≡（**インデントを減らす**）をクリックします。こちらは、アイコンを1回クリックするごとに1文字分ずつ余白が削減されていきます。

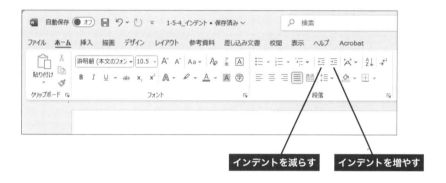

　なお、段落の右側に余白を設ける**右インデント**を指定することも可能です。この場合は、「段落」ウィンドウを使って書式指定を行います（P42〜43参照）。

1.5.5 行間

続いては、段落の**行間**を指定する方法を解説していきます。Wordは「**1行の高さ**」を基本単位として行間を指定します。この「1行の高さ」をわかりやすく示したものが**グリッド線**です。初期設定では「1行の高さ」＝18ポイントに設定されているため、グリッド線も18ポイント間隔で表示されます。

試しに、グリッド線を表示した状態で文字を入力してみると、グリッド線と同じ行間（18ポイント）で文字が配置されていくのを確認できると思います。

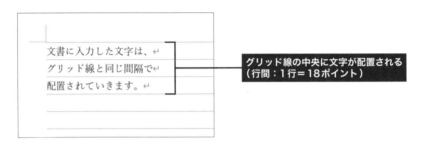

念のため、グリッド線を表示する方法を紹介しておきます。［**レイアウト**］タブを選択し、「**配置**」コマンドから「**グリッドの設定**」を選択します。

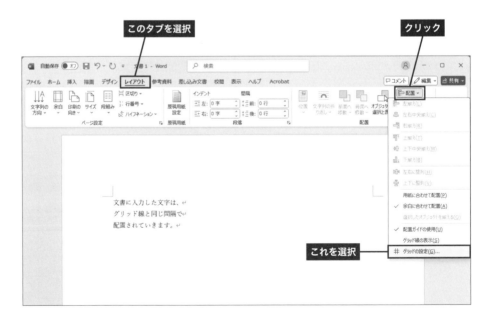

「グリッドとガイド」の設定画面が表示されるので、以下の図のように設定を変更し、[OK]ボタンをクリックします。

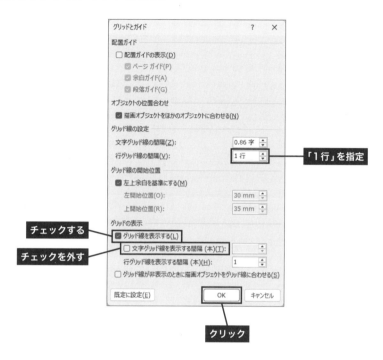

グリッド線の消去
「グリッド線を表示する」のチェックを外すと、グリッド線を非表示の状態に戻すことができます。

なお、文字サイズを変更すると、それに応じて行間も自動的に変化します。初期設定では、10.5ポイントまでの文字が「1行分の行間」に収まり、11ポイント以上の文字は2行分、3行分、……の行間が確保される仕組みになっています（游明朝の場合）。

また、指定しているフォントによっても行間は変化します。たとえば、フォントに「ＭＳ 明朝」を指定すると、13.5ポイントまでの文字が「1行分の間隔」に収まり、14ポイント以上の文字は2行分、3行分……の行間で配置されます。

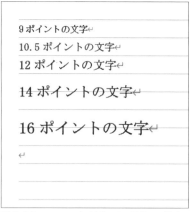

図1-9　フォントが「游明朝」の場合　　図1-10　フォントが「MS 明朝」の場合

　このように、Wordは**文字サイズ**や**フォント**に応じて行間が自動的に変化する仕組みになっています。

　行間を自分で指定したいときは、［ホーム］タブにある ≡（**行と段落の間隔**）をクリックし、一覧から数値を選択します。この一覧に表示されている数値の単位は「1行の高さ」となります。たとえば「2.0」を選択すると、その段落の行間を2行分に変更できます。

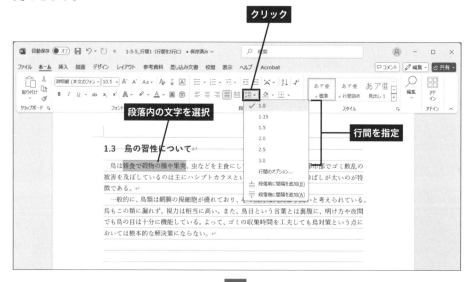

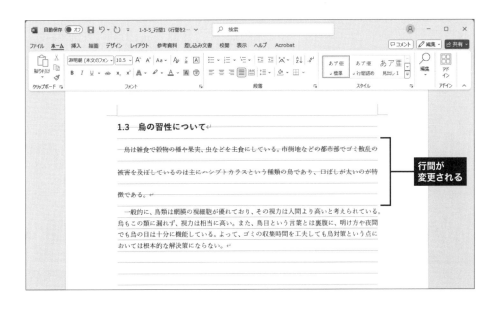

ただし、この方法は行間を大雑把にしか指定できないため、あまり利用する機会は多くありません。行間を細かく指定するときは「**段落**」**ウィンドウ**を利用します。たとえば、行間を14ポイント（14pt）に変更するときは、以下の手順で書式を指定します。

① 行間を変更する段落を選択します。続いて、(**行と段落の間隔**)をクリックし、「行間のオプション」を選択します。

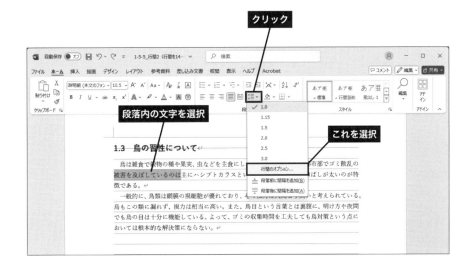

②「**段落**」ウィンドウが表示されるので、「**行間**」に「**固定値**」を選択します。続いて、行間をポイント単位（pt）で指定し、[**OK**]**ボタン**をクリックします。

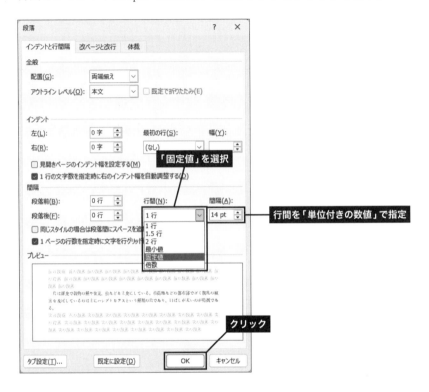

③ 選択していた段落の行間が、指定した値（14pt）に変更されます。

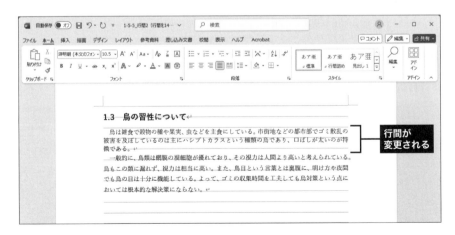

行間をミリ単位で指定

行間を指定するボックスに「10mm」や「12mm」のように数値を入力し、ポイント（pt）ではなくミリ（mm）を単位として行間を指定することも可能です。

1.5.6 段落前後の間隔

段落前または**段落後**に指定したサイズの間隔を設ける書式も用意されています。この書式も「**段落**」ウィンドウで指定できます。

段落前、段落後の間隔を指定

　この書式の初期値には「0行」が指定されており、右端の▼をクリックするごとに値が0.5行ずつ増減していきます。初期設定では「1行」＝18ポイントになるため、▼をクリックするごとに9ポイントずつ間隔が増減することになります。

この書式は、見出しの前に適当な間隔を設ける場合などに活用できます。たとえば「段落前」に「2行」の間隔を指定しておくと、[Enter]キーで改行しなくても、見出しの前に適当な間隔を設けられるようになります。

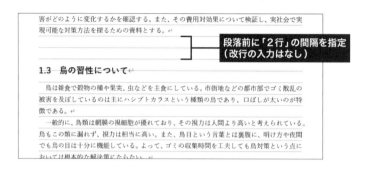

1.5.7 「段落」ウィンドウ

　これまでにも何度か説明してきたように、段落の書式を「**段落**」**ウィンドウ**で指定することも可能です。「段落」ウィンドウを表示するときは、[**ホーム**]**タブ**の「**段落**」**グループ**にある 🔽 をクリックします。

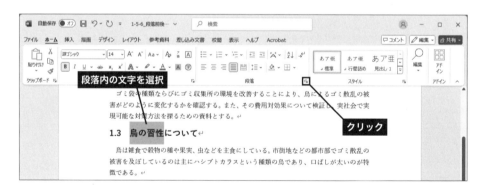

　「段落」ウィンドウには3つのタブが用意されています。[**インデントと行間隔**]**タブ**では、文字の配置／インデント／行間／段落前後の間隔などを指定できます。これらの値を「○行」や「○字」で指定するときは、1行＝18ポイント、1字＝10.5ポイントが基本になることに注意してください。「8.5mm」のように「mm」の単位を付けて数値を入力し、ミリ単位で値を指定することも可能です。

他のタブでは、段落がページをまたぐときの処理や禁則処理などを指定できます。

図1-11 ［改ページと改行］タブ

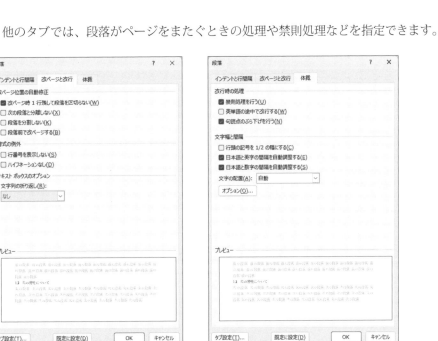

図1-12 ［体裁］タブ

1.6 ページ設定

　続いては、用紙サイズや余白の指定など、文書全体に関わる設定について解説します。これらの設定はいつでも変更できますが、通常は文書の作成を開始するときに指定しておくのが基本です。

1.6.1 用紙サイズの指定

　文書全体に関わる設定は[**レイアウト**]**タブ**で指定します。まずは、**用紙サイズ**を指定する方法から解説していきます。初期設定では、用紙サイズに「A4」が指定されています。これを他の用紙サイズに変更するときは、[レイアウト]タブにある「**サイズ**」をクリックし、一覧から用紙サイズを選択します。

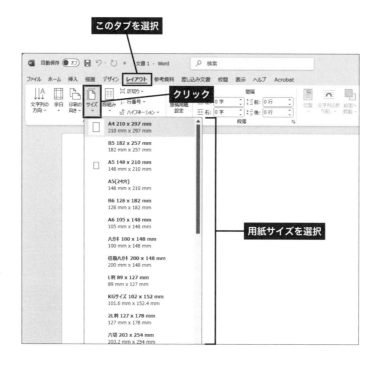

　また、「**印刷の向き**」をクリックすると、**用紙の向き（縦／横）**を指定できます。用紙を横方向にする場合は、ここで「横」を選択してください。

　なお、一般的な卒業論文では「A4縦」の用紙サイズを使用するため、これらの設定を変更する必要はありません。A4以外の用紙サイズを使用する場合の操作手順として覚えておいてください。

1.6.2 余白の指定

　ページの上下左右に設けられている**余白のサイズ**を変更するときは、[レイアウト]タブにある「**余白**」をクリックし、一覧から適当なサイズを選択します。

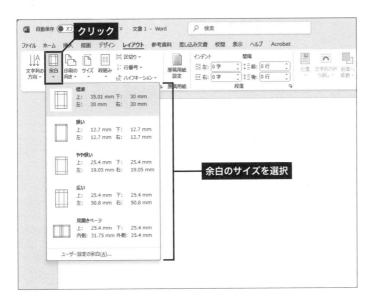

　上下左右の余白を数値で指定する方法も用意されています。この場合は、次ページで解説する「**ページ設定**」**ウィンドウ**を使って余白のサイズを指定します。

1.6.3 「ページ設定」ウィンドウ

　文書全体に関わる書式は「**ページ設定**」**ウィンドウ**でも指定できます。こちらの方が設定作業を一度に済ませられるので、ぜひ使い方を覚えておいてください。「ページ設定」ウィンドウを開くときは、[**レイアウト**]**タブ**の「**ページ設定**」**グループ**にある▫をクリックします。

　「ページ設定」ウィンドウには4つのタブが用意されています。まずは、[**用紙**]**タブ**で**用紙サイズ**を指定します。一覧から用紙サイズを選択するか、もしくは「幅」と「高さ」に数値を入力して用紙サイズを指定します。

続いて、[**余白**]**タブ**で**余白のサイズ**と**用紙の向き**を指定します。大学や学部によっては、卒業論文の文書フォーマットで「余白のサイズ」が厳密に定められている場合があります。この場合は、ここに数値を入力して余白を調整します。

また、**とじしろ**を指定することも可能です。とじしろに「0mm」より大きい数値を指定すると、その分だけ余白のサイズが大きくなります。たとえば、「とじしろの位置」に「左」を指定し、「左の余白」を20mm、「とじしろ」を15mmに指定すると、文書の左側には35mm（20mm＋15mm）の余白が設けられます。

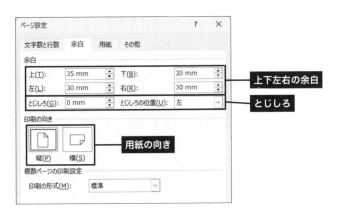

[**文字数と行数**]**タブ**は、本文の**文字数**と**行数**を指定する場合に利用します。1ページあたりの文字数と行数が定められている場合は、「**文字数と行数を指定する**」を選択し、をクリックして文字数と行数を指定してください。

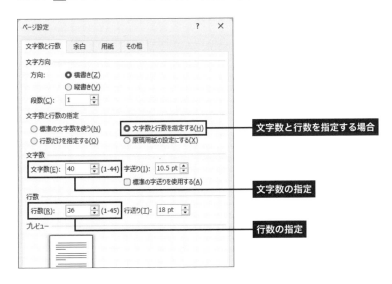

「1行の高さ」と「行送り」

　「ページ設定」ウィンドウで「行数」を変更すると、それにあわせて**「行送り」**の値も変化します。1.5.5項（P36～41）で解説した**「1行の高さ」**（行間）は「行送り」と連動しているため、「行数」を変更すると「1行の高さ」も変更されます。ちなみに、初期設定では「行送り」が18ポイントに設定されているため、特に変更を行わなかった場合は「1行の高さ」＝18ポイントになります。

　なお、初期設定では、1行あたりの「文字数」を最大44字までしか指定できないことに注意してください。これは、**本文の文字サイズ**に10.5ポイントが指定されているためです。45字以上の文字数を指定するには、左右の余白を小さくするか、もしくは以下に示した手順で「本文の文字サイズ」を変更しておく必要があります。

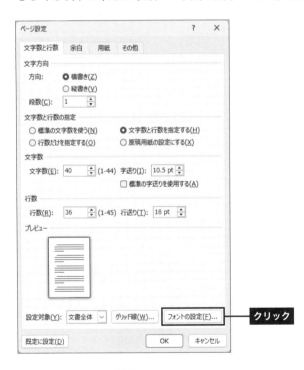

1.6.4 2段組みの指定

　卒業論文では**段組み**を使用する機会は滅多にありませんが、学会に投稿する論文などでは、文書フォーマットが2段組みに指定されている場合があります。よって、段組みの指定方法も覚えておく必要があります。

　2段組みの文書を作成するときは、[レイアウト]タブにある「**段組み**」をクリックして「**2段**」を選択します。すると、文書全体を2段組みに変更できます。

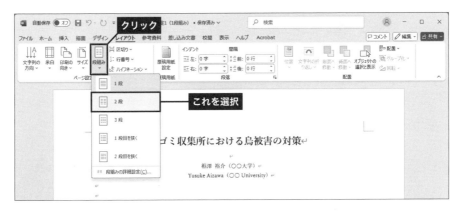

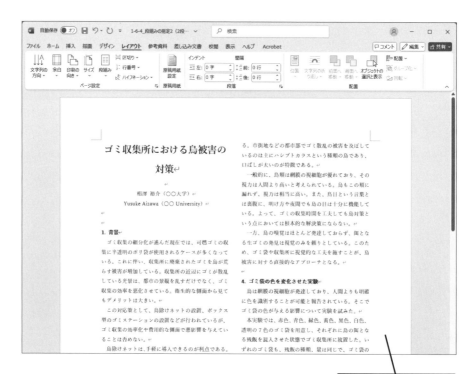

文書全体が2段組みになる

「各段の文字数」や「段と段の間隔」を数値で指定することも可能です。この場合は、「**段組み**」→「**段組みの詳細設定**」を選択し、以下に示した画面で段組みの詳細を指定します。

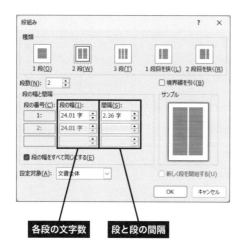

各段の文字数　　段と段の間隔

「各段の文字数」と「本文の文字サイズ」

　初期設定では、各段に指定できる文字数の最大値は20.25字になります（2段組みの場合）。これは「本文の文字サイズ」に10.5ポイントが初期設定されていることが原因です。21字以上の文字数を指定するときは、あらかじめ「余白のサイズ」を小さくしておくか、もしくはP48～49に示した手順で「本文の文字サイズ」を小さくしておく必要があります。

　前述の手順で2段組みを指定すると、文書全体が2段組みに変更されます。本文だけを2段組みにして、タイトル（表題）や発表者名などを1段組みのレイアウトにするときは、以下の手順で冒頭部分を1段組みに戻す必要があります。

① マウスをドラッグして**1段組みに戻す範囲**を選択します。

②[**レイアウト**]タブにある「**段組み**」をクリックし、「**1段**」を選択します。

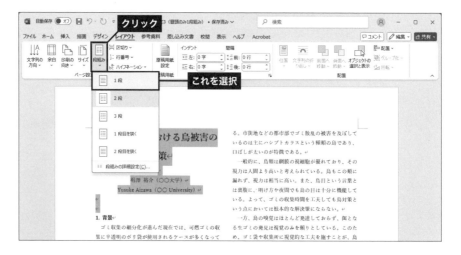

③「手順①で選択した範囲」が1段組みに戻ります。

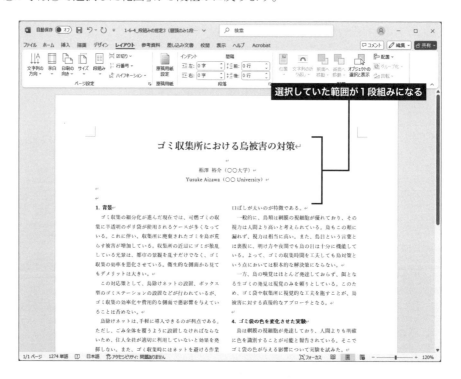

1.7 その他、覚えておくべき基本操作

これまでに解説してきた操作のほかにも、Wordで文書を作成する際に覚えておくべき基本的な操作がいくつかあります。続いては、文書の作成に欠かせない操作について紹介しておきます。

1.7.1 画面表示の拡大／縮小

文書に入力した文字が小さくて見にくい場合、もしくは表示が大きすぎて全体を見渡せない場合は、ウィンドウの右下にあるスライダーをドラッグして**表示倍率**を変更します。文書の表示倍率は10〜500%の間で自由に変更できます。

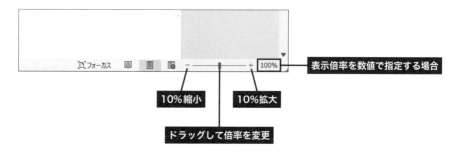

図1-13　表示倍率70％で表示した場合

図1-14　表示倍率200％で表示した場合

そのほか、[Ctrl] キーを押しながらマウスホイールを上下に回転させて文書を拡大／縮小する方法も用意されています。

1.7.2 文書の印刷

　Wordで作成した文書をプリンターで印刷するときは、あらかじめ**印刷プレビュー**で印刷イメージを確認しておくのが基本です。印刷プレビューは、[**ファイル**]**タブ**を選択して「**印刷**」をクリックすると表示できます。

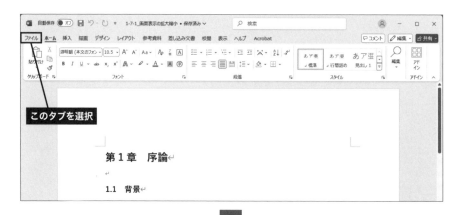

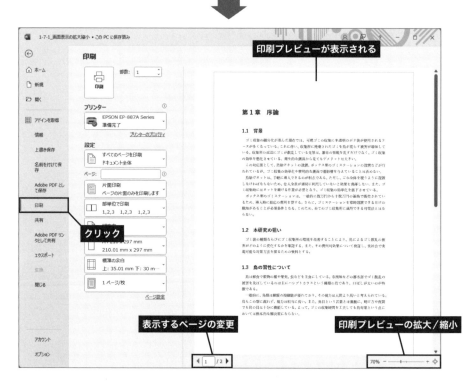

印刷プレビューの左側には、印刷に関連する設定項目が並んでいます。ここで印刷の設定を行い、[**印刷**] **ボタン**をクリックすると印刷を開始できます。

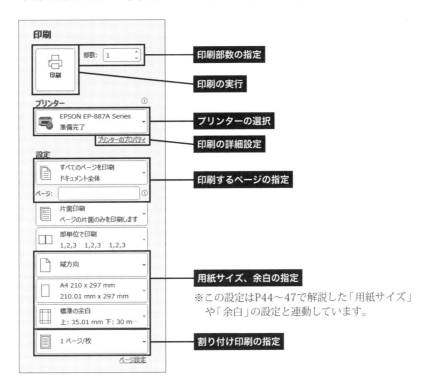

1.7.3 編集記号の表示／非表示

改行（[Enter]キー）を入力した場所には ↵ の記号が表示されます。この記号は**段落記号**と呼ばれるもので、段落を区切る位置を示す目印の役割を担っています。

55

このほかにも、**全角スペース**、**半角スペース**、**タブ文字**などの編集記号を画面に表示することが可能です。これらの編集記号を表示するときは、[**ホーム**]**タブ**にある（**編集記号の表示/非表示**）をクリックします。

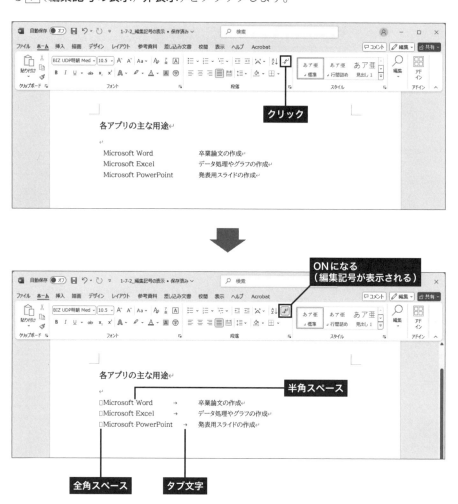

これらの記号は、「文中に余計なスペースが挿入されていないか？」を確認する場合などに活用できます。なお、（段落記号）以外の編集記号を非表示に戻すときは、もういちどをクリックしてOFFにします。

第1章　Wordの基本
1.7　その他、覚えておくべき基本操作

表示する編集記号の初期設定

　画面に表示する編集記号の初期設定を変更することも可能です。この場合は、以下の手順でWordの設定を変更します。

　①［ファイル］タブを選択し、「オプション」の項目を選択します。
　②「Wordのオプション」が表示されるので「表示」の項目を選択します。
　③　常に画面に表示する編集記号を指定します。
　④［OK］ボタンをクリックします。

57

1.7.4 改ページ／セクション区切り

　各章の見出しを必ずページの先頭に配置するときは、改行（[Enter]キー）を入力して位置を調整するのではなく、**改ページ**を挿入するのが基本です。「改ページ」を文書に挿入すると、それ以降の文字が自動的に「次のページ」へ送られて配置されます。

① **改ページ**を挿入する位置にカーソルを移動します。

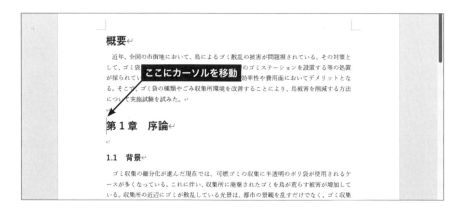

② [**レイアウト**]タブを選択し、「**区切り**」→「**改ページ**」を選択します。

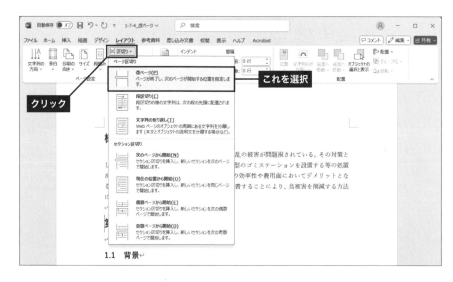

③ カーソルがあった位置に**改ページ**が挿入され、それ以降の文字が次ページへ送られて配置されます。

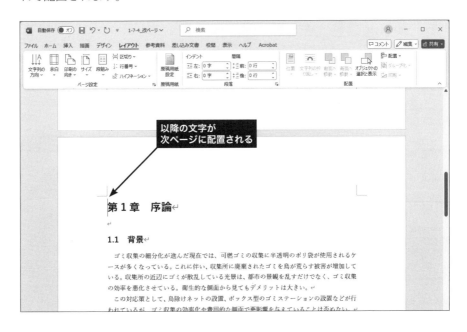

「改ページ」が挿入されている位置を確認したいときは、［**ホーム**］**タブ**にある ⚐（**編集記号の表示/非表示**）をクリックしてONにします。すると、「改ページ」が挿入されている位置に以下の図のような編集記号が表示されます。

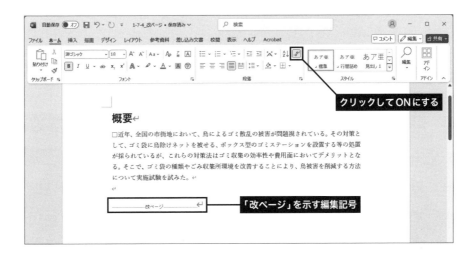

改ページの削除

　文書に挿入した「改ページ」を削除するときは、「................ 改ページ ....」の編集記号をドラッグして選択し、[Delete]キー（または[Del]キー）を押します。すると「改ページ」が削除され、以降の文字が直前の段落に続けて配置されます。

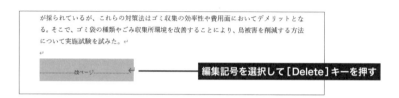

　また、文書の途中に**セクション区切り**を挿入することも可能です。「セクション区切り」を挿入すると、その位置で文書が分割され、それぞれの範囲（セクション）に**異なるページ設定**を指定できるようになります。

　たとえば、「1段組み」と「2段組み」が混在する文書を作成するときは、それぞれの範囲に異なるページ設定（段組み）を指定しなければいけません。本書のP51～52で示した手順では「セクション区切り」の挿入を行いませんでしたが、この場合はWordが自動的に「セクション区切り」を挿入してくれます。このため、自分で「セクション区切り」を挿入しなくても適切な結果を得られます。試しに、段組みの指定が完了した後に（**編集記号の表示/非表示**）をクリックしてONにしてみると、「セクション区切り」が挿入されているのを確認できると思います。

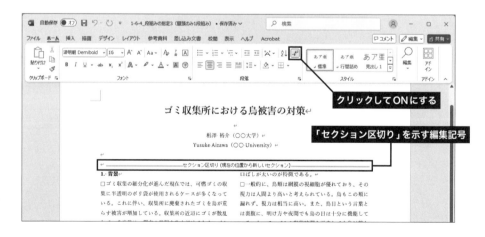

もちろん、自分で「セクション区切り」を挿入しても構いません。この場合は、「セクション区切り」を挿入する位置にカーソルを移動し、[**レイアウト**]**タブ**にある「**区切り**」からセクション区切りの種類を選択します。

をクリックしてONにすると、指定した位置に「セクション区切り」が挿入されているのを確認できます。「セクション区切り」で文書を分割すると、各セクションに異なるページ設定を指定することが可能となります。まずは、設定を変更するセクション内にカーソルを移動し、「**ページ設定**」**ウィンドウ**を開きます。

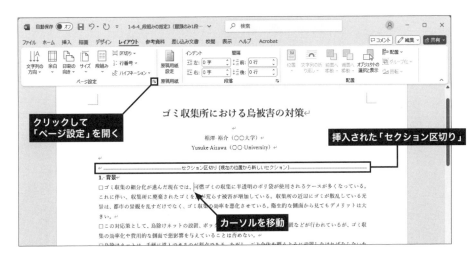

「ページ設定」ウィンドウが表示されたら、設定対象に「**このセクション**」が選択されていることを確認してから各項目を指定します。

たとえば、2番目のセクションを「2段組み」に変更すると、以下の図のように「1段組み」と「2段組み」が混在した文書を作成できます。

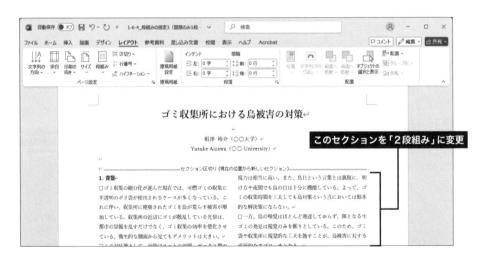

「次のページから開始」のように**改ページ**を伴う「セクション区切り」を挿入した場合は、セクションごとに**用紙サイズ**や**用紙の向き**を変更できるようになります。「A4縦」の文書中に「A4横」のページを配置する場合などに活用してください。

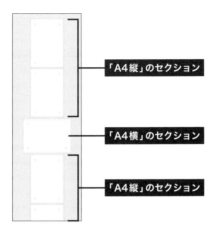

1.7.5 コピー／貼り付け

他のアプリと同様に、**コピー**と**貼り付け**（ペースト）を使って編集作業を進めていくことも可能です。コピーの操作を行うときは、文字を選択した状態で［Ctrl］+［C］キーを押します。コピーした内容を文書に貼り付けるときは［Ctrl］+［V］キーを押します。

1.7.6 元に戻す／やり直し

文書の編集中に操作を間違えてしまった場合は、［Ctrl］+［Z］キーを押すと、直前の操作を取り消すことができます。この操作は**元に戻す**と呼ばれています。よく利用する機能なので、必ず使い方を覚えておいてください。

また、［Ctrl］+［Z］キーで取り消した操作を、もう一度やり直す機能も用意されています。この場合は［Ctrl］+［Y］キーを押します。この操作は**やり直し**と呼ばれています。

なお、「元に戻す」や「やり直し」の操作は、画面の上部にある ↶ や ↷ のアイコンをクリックして実行することも可能です。

1.7.7 操作アシストの活用

Wordには、**Microsoft Search**と呼ばれる機能が用意されています。この機能は、キーワードでコマンドを検索したり、ヘルプを参照したりする場合などに活用できます。たとえば、「改ページ」に関連する機能について調べたいときは、「**検索**」と表示されている部分に「改ページ」と入力します。

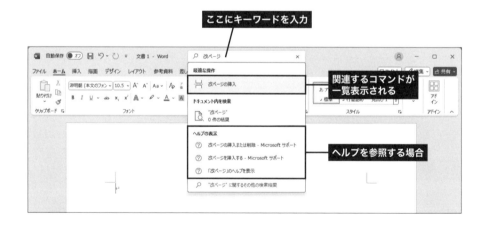

すると、キーワード（今回の例では「改ページ」）に関連するコマンドが一覧表示されます。ここに表示されているコマンドを選択して、各種操作を実行することも可能です。目的のコマンドが「どのタブに収録されているか？」を忘れてしまった場合などに活用するとよいでしょう。

第 2 章
論文作成の基本テクニック

- 2.1 卒業論文の書き方
- 2.2 用紙と本文の書式設定
- 2.3 スタイルの活用
- 2.4 アウトライン レベルの指定
- 2.5 見出し番号の自動入力
- 2.6 スタイルの確認
- 2.7 表紙と概要の作成
- 2.8 ページ番号と目次
- 2.9 謝辞と参考文献

第2章では、卒業論文を作成する際に使用するWordの機能について解説します。何十ページにもおよぶ長い文書を作成するときに必須となるテクニックなので、各機能の使い方をよく理解しておいてください。

2.1 卒業論文の書き方

まずは、卒業論文を執筆するに際に覚えておくべき注意事項について解説します。大学または学部、学科ごとに「論文作成のルール」が定められている場合が多いので、そちらもあわせて確認しながら論文作成の基礎を学んでください。

2.1.1 卒業論文の基本構成

卒業論文を執筆するときは、各自が研究した内容を自由な形式で記述するのではなく、大学（または学部、学科）で定められている**ルールに従って執筆しなければいけません**。ここでは、一般的な卒業論文の構成について紹介します。

卒業論文は次ページに示したような構成で作成するのが一般的です。ただし、この構成例は最も標準的なパターンであり、必ずしも同じ構成で卒業論文を作成しなければならない訳ではありません。あくまで一つの参考例として捉えてください。

大学によっては、次ページの構成例に加えて「**図表の一覧**」や「**略語・用語の解説**」といった項目を設けるように指示されている場合もあります。卒業論文のサンプルやガイドラインなどが公開されている場合は、その指示に従って論文を構成するようにしてください。

第2章 論文作成の基本テクニック
2.1 卒業論文の書き方

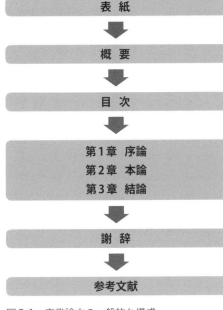

図2-1　卒業論文の一般的な構成

　表紙には、卒業研究の題目、氏名、所属、指導教官、提出日などを記載します。記載すべき内容やレイアウトが指定されている場合が多いので、各大学（または学部、学科）のルールに従って作成しなければいけません。

図2-2　表紙の例

概要には、研究内容を簡潔にまとめた紹介文を200～800字程度で記述します。文字数に規定がある場合は、定められた範囲内で紹介文を記述しなければいけません。「概要」の代わりに**要約**や**要旨**といった見出しを使用する場合もあります。

概要

近年、全国の市街地において、鳥によるゴミ散乱の被害が問題視されている。その対策として、ゴミ袋に鳥除けネットを被せる、ボックス型のゴミステーションを設置する等の処置が採られているが、これらの対策法はゴミ収集の効率性や費用面においてデメリットとなる。そこで、ゴミ袋の種類やごみ収集所環境を改善することにより、鳥被害を削減する方法について実施試験を試みた。

図2-3　概要の例

続いて、**目次**を配置します。目次は、卒業論文の本文がひととおり完成した時点で作成するのが基本です。Wordには目次を自動作成する機能が用意されているので、この機能を使って目次を作成するとよいでしょう。具体的な手順については、本書の2.8節で詳しく解説します。

目次

第1章 序論……1
1.1 背景……1
1.2 本研究の狙い……1
1.3 鳥の習性について……1
1.3.1 鳥の視力……2
1.3.2 鳥の嗅覚……2
第2章 ゴミ袋の改善実験……3
2.1 ゴミ袋の色と被害状況……3
2.1.1 実験方法……3
2.1.2 実験結果……5
2.2 特殊処理を施したゴミ袋……7
2.2.1 実験方法……7
2.2.2 実験結果……9
第3章 ゴミ収集所の改善実験……13
3.1 高所建造物の有無……13
3.2 鳥除けグッズの検証……15
第4章 結論……19
4.1 ゴミ袋の改善と成果……19
4.2 ゴミ収集所の環境……21

謝辞……25
参考文献……26

図2-4　目次の例

これ以降が「卒業論文の本文」となります。本文は**「序論」→「本論」→「結論」**という順番で、それぞれに章番号を付けて構成していきます。P67に示した例では全体を3章構成にしていますが、「本論」をいくつかの章に分けて4章以上の構成にしても構いません。

第1章となる**序論**では、研究の目的、研究を行うに至った背景などを記述します。続いて**本論**で、研究方法や実験結果、調査結果などを詳しく解説していきます。最後に**結論**として、研究により解明された内容、自己の見解、今後の課題などを簡潔にまとめます。

各章の内部は「節」や「項」で区切って階層化し、**○章→○節→○項**という構成で本文を記述します。また、各項目の見出しの先頭には「2.4.3」や「2章4節3項」のように数字を付けて階層を分かりやすく示します。

第1章　序論

1.1　背景

ゴミ収集の細分化が進んだ現在では、可燃ゴミの収集に半透明のポリ袋が使用されるケースが多くなっている。これに伴い、収集所に廃棄されたゴミを鳥が荒らす被害が増加している。収集所の近辺にゴミが散乱している光景は、都市の景観を乱すだけでなく、ゴミ収集の効率を悪化させている。衛生的な側面から見てもデメリットは大きい(1)。

この対応策として、鳥除けネットの設置、ボックス型のゴミステーションの設置などが行われているが、ゴミ収集の効率化や費用的な側面で悪影響を与えていることは否めない。

鳥除けネットは、手軽に導入できるのが利点である。ただし、ごみ全体を覆うように設置しなければならないため、住人全員が適切に利用していないと効果を発揮しない。また、ゴミ収集時にはネットを避ける作業が必要となり、ゴミ収集の効率化を低下させている。

ボックス型のゴミステーションは、一般的に数万円から十数万円の価格で販売されているため、導入時に相応の費用を要する。さらに、ゴミステーションを常時設置できるだけの敷地があることが必須条件となる。このため、全てのゴミ収集所に適用できる対策法とはならない。

1.2　本研究の狙い

ゴミ袋の種類ならびにゴミ収集所の環境を改善することにより、鳥によるゴミ散乱の被害がどのように変化するかを確認する。また、その費用対効果について検証し、実社会で実現可能な対策方法を探るための資料とする。

1.3　鳥の習性について

鳥は雑食で穀物の種や果実、虫などを主食にしている。市街地などの都市部でゴミ散乱の被害を及ぼしているのは主にハシブトカラスという種類の鳥であり、口ばしが太いのが特徴である(2)。

1

図2-5　本文の例

謝辞には、指導教官や研究室の同僚、卒業研究の協力者に向けて感謝の意を表す文章を記述します。書き方は特に決められていない場合が多いので、過去の卒業論文や例文などを参考にして、自分なりの言葉で謝辞を記載するとよいでしょう。

謝辞

本研究を遂行し論文としてまとめるにあたり、暖かい激励とご指導、ご鞭撻を頂いた社会衛生システム学講座の△△教授、△△助手に感謝の意を表します。

共同研究者である、○○大学博士後期課程の△△さんには、調査手順や考察の方法などについて細部にわたってご指導をいただきました。ここに感謝いたします。

そして、本研究の趣旨を理解し、快くご協力して頂いた□□地区ならびに◇◇地区の自治会の皆様に心から感謝いたします。

図2-6　謝辞の例

最後に、**参考文献**を一覧形式でまとめておきます。ここには、卒業論文を執筆する際に参考にした書籍、論文、Webサイトなどの情報を記載します。記載方法が厳密に定められている場合が多いため、各自が所属している大学（または学部、学科）のルールに従って記述しなければいけません。

参考文献

(1) 緑山市環境課: 烏被害の実例, http://www.midoriyama-city.ne.jp/corvus/
(2) 烏崎明彦, 斉藤丞介: 都市型カラスの習性と行動追跡, 第 7 回都市衛生学会論文集, pp80-84, 2020 年 10 月
(3) 佐藤弦道: 鳥の生態, 自然出版, 2021 年 6 月
(4) 田中翔慧: カラスの視覚と色覚, ○○大学 都市工学研究科 修士論文, 2017 年 1 月
(5) 鈴木酉斎: ポリエチレン加工の最新技術, 角英技術出版, 2018 年 12 月
(6) 山本彩編: 動物の味覚, 石蔵出版, 2018 年 9 月

図2-7　参考文献の例

2.1.2 卒業論文を執筆するときの注意点

続いては、卒業論文を執筆するときの注意点を紹介しておきます。ただし、大学や学部ごとにローカルルールが存在するため、押しなべて「こう書くべき」というアドバイスはできません。あくまで一般論として参考にしてください。

■ 本文の文体

卒業論文では、「〜です」や「〜ます」で文章を終える「です・ます」調ではなく、文末を「〜である」で記す「である」調で記述するのが基本です。「です・ます」調を認めている大学・学部は少ないので、各自が所属する大学・学部のルールに従って記述するようにしてください。

特に文体が指定されていない場合でも、「です・ます」調と「である」調を混在させてはいけません。どちらかに文体を統一するのが基本です。なお、本文を「である」調にする場合でも、謝辞に限っては「です・ます」調で記述するのが一般的です。

■ 句読点

一般的な文章では、句読点に「、」と「。」の記号を使用します。しかし、公文書や論文では、句読点を「,」と「.」の記号で記述するケースが多くあります。句読点の書き方も大学ごとにルールが定められているので、それに従って記述するようにしてください。

なお、句読点を「,」と「.」で記述する場合は、IME（Windowsの漢字変換機能）の設定を以下のように変更しておくと、普通にキー入力していくだけで「,」や「.」の記号を入力できるようになります。

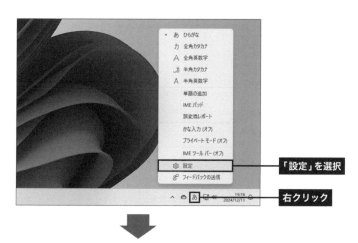

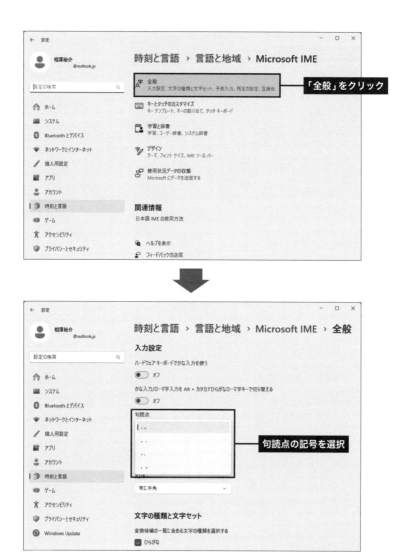

■曖昧な表現

　卒業論文では、「〜かもしれない」や「〜なのであろうか」のような表現は避けなければいけません。可能な限り「〜である」と言い切る形で文章を記述するのが基本です。不確定な内容や自己の見解を示すときは、「〜と考えられる」、「〜と推測される」などのように記述します。大切なのは「事実」と「推測」を明確に分けて表現することです。事実と推測の区別がつかない文章を書いたり、語尾を曖昧にして誤魔化したりしてはいけません。

■出所・出典の記載

　論文を執筆する際は、自分以外の研究者が書いた書籍、論文、Webサイトなどを参考にしながら、独自の見解を示していくのが一般的です。自分の論文内で「他者の研究内容や見解」をそのまま引用しても問題はありませんが、この場合は必ず出所・出典を明記しなければいけません。

　これらのほかにも、大学や学部、学科ごとに独自の書き方（ルール）が定められている場合が多くあります。サンプルやガイドラインが公開されている場合は、卒業論文の執筆を始める前に必ず目を通しておいてください。不明な点があるときは、同じ研究室の先輩（院生）や指導教官にアドバイスを求め、疑問点をクリアにしてから執筆を始めるとよいでしょう。疑問を抱えたまま執筆を始めてしまうと、後から大幅な修正を求められる可能性もあります。注意するようにしてください。

2.2 用紙と本文の書式設定

　ここからは、Wordで卒業論文を作成するときの具体的な操作手順を解説していきます。最初に、**用紙サイズ**、**余白**、**文字数と行数**の指定を行います。以降の解説を参考に、各大学のルールに従ってページ設定を行ってください。

2.2.1 用紙サイズと余白の指定

　Wordを起動して「**白紙の文書**」を開いたら、最初にページ設定を行います。［**レイアウト**］**タブ**を選択し、「**ページ設定**」**グループ**にある をクリックします。

すると「ページ設定」ウィンドウが表示されます。ここでは[**用紙**]**タブ**を選択し、**用紙サイズ**の設定を確認します。特に指示がない限り、卒業論文はA4の用紙サイズで作成します。

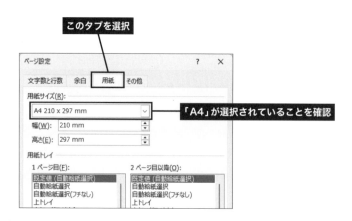

続いて[**余白**]**タブ**を選択し、**用紙の余白**を指定します。各大学のルールで余白のサイズが厳密に定められている場合は、その指示に従って上下左右の余白を指定します。特にルールが定められていない場合は、初期値をそのまま利用するか、もしくは先輩の論文などを参考に適当な余白を指定します。以下は、上下の余白を35mm、左右の余白を30mmに設定した場合の例です。

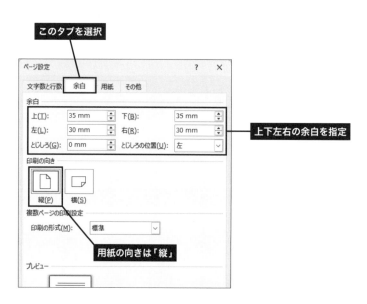

2.2.2 文字数と行数の指定

　用紙サイズと余白を指定できたら、本文の**文字数**と**行数**を指定します。「ページ設定」ウィンドウの[**文字数と行数**]**タブ**を選択してください。

　文字数と行数が厳密に定められている場合は、「**文字数と行数を指定する**」を選択し、その値を「**文字数**」と「**行数**」に入力します。特に定められていない場合は、初期値をそのまま利用するか、もしくは各自が適切と思う値を指定します。以下は、文字数を40字、行数を30行に指定した場合の例です。

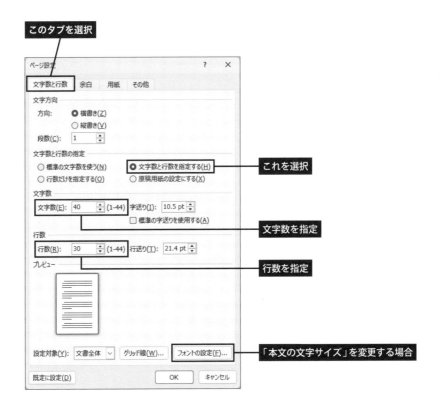

　なお、大学のルールで**本文の文字サイズ**が定められている場合は、先にフォントの設定を行っておく必要があります。[**フォントの設定**]ボタンをクリックし、次ページに示した画面で「本文の文字サイズ」を指定してください。

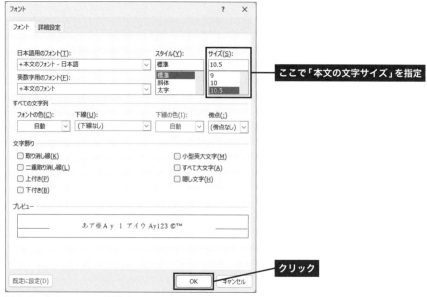

図2-8 本文のフォント設定

　「本文の文字サイズ」を変更すると、その値に応じて「文字数」や「行数」の設定が自動的に変化する仕組みになっています。よって、**もう一度「文字数」や「行数」を指定しなおす**必要があります。
　以上で、ページ設定は完了です。[OK]ボタンをクリックして「ページ設定」ウィンドウを閉じ、適当な名前で文書をファイルに保存しておきます。

定められた文字数、行数を指定できない場合は？
　大学のルールで定められている文字数や行数を指定できない場合は、「本文の文字サイズ」を小さくするか、もしくは「上下左右の余白」を小さく設定しなおします。すると、定められた文字数、行数を指定できるようになります。

「本文のフォント」の指定

大学や学部、学科で「本文のフォント」が定められている場合もあります。この場合は、図2-8の画面で**フォントの設定**も済ませておく必要があります。「本文のフォント」は、日本語（全角文字）と英数字（半角文字）を別々に指定する仕組みになっています。

ここで「本文のフォント」を指定

初期設定では、フォントの設定項目に「+ 本文のフォント」という文字が表示されています。この場合は、日本語、英数字とも「游明朝」のフォントが指定されることになります。

2.3 スタイルの活用

続いては、章、節、項の**見出しの書式**を指定していきます。この際に利用するのが**スタイル**という機能です。あまり馴染みのない機能かもしれませんが、論文作成の要となる機能なので、その使い方をよく把握しておいてください。

2.3.1 スタイルとは？

章や節の見出しは、本文よりも文字サイズを大きくし、目につきやすい書式を指定するのが基本です。また、文書全体で「見出しの書式」を統一しておく必要もあり

ます。「第1章の見出しには20ポイントを指定したのに、第2章の見出しには18ポイントを指定している……」というように、書式が統一されていない文書を作成してはいけません。

　文書内で書式を統一したいときは、**スタイル**という機能を活用すると便利です。スタイルは、文字や段落の書式をまとめて管理できる機能です。たとえば、「章見出し」というスタイルに「游ゴシック Medium、18ポイント、太字、中央揃え」の書式を登録しておくと、以降は「章見出し」の**スタイルを適用するだけで同じ書式を一括指定できる**ようになります。慣れるまでに少し時間がかかるかもしれませんが、論文作成には欠かせない機能なので必ず使い方を覚えておいてください。

2.3.2　スタイルの作成

　それでは、スタイルの使い方を具体的に解説していきます。スタイルを利用するときは、[**ホーム**]**タブ**の右端の方にある**「スタイル」グループ**を操作します。このグループの右下にある🔽をクリックすると、スタイルの一覧を表示できます。

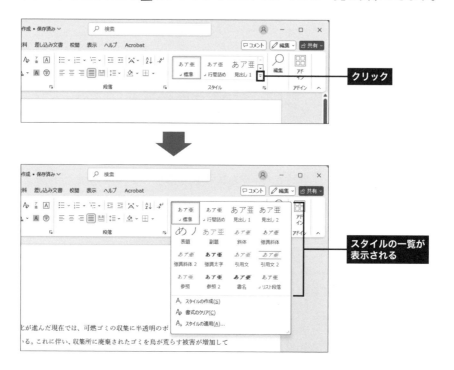

ここには「見出し1」や「表題」、「副題」などのスタイルが全部で16個用意されています。ただし、これらのスタイルを利用する機会はあまり多くありません。というのも、卒業論文で使用する書式と、これらのスタイルに登録されている書式が必ずしも一致するとは限らないからです。スタイルを利用するときは自分でスタイルを作成し、「自作したスタイル」を文字や段落に適用していくのが基本です。

まずは、スタイルを作成するときの操作手順から解説します。白紙の状態ではスタイルを作成しにくいので、文書に数行ほど文字を入力します。入力する文字は卒業論文の草稿でも構いませんし、テスト用に適当な文字を入力しても構いません。

続いて、見出しとなる段落に書式を指定します。ここでは「14ポイント、太字」の書式を指定しました。

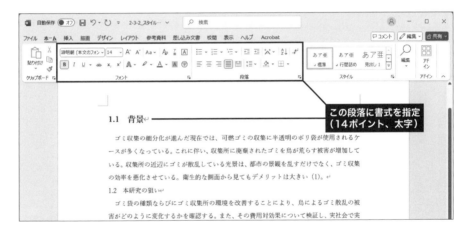

この書式をもとにスタイルを作成していきます。新しいスタイルを自分で作成するときは、以下のように操作します。

① 書式を指定した段落内にカーソルを移動します。

② [**ホーム**] **タブ**の「スタイル」グループにある▽をクリックし、スタイルの一覧を表示します。続いて「**スタイルの作成**」を選択します。

③ 作成する**スタイルの名前**を入力し、[**OK**] **ボタン**をクリックします。

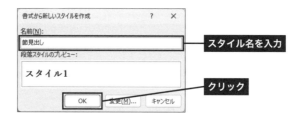

④「スタイル」グループにある▽をクリックすると、作成したスタイルが一覧に追加されているのを確認できます。

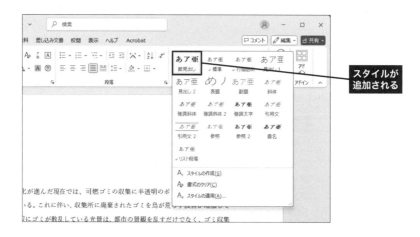

今回の例では「節見出し」という名前でスタイルを作成しました。このスタイルには、手順①で「カーソルを移動した段落」と同じ書式（14ポイント、太字）が登録されています。

スタイルを作成できない場合は？

Wordには200個以上のスタイルが初めから用意されています。ただし、その多くは非表示に設定されているため、最初は16個しかスタイルが表示されません。新しいスタイルを作成するときに以下の警告画面が表示された場合は、同じ名前のスタイルがすでに存在していることを示しています。この場合は、スタイル名を別の名前に変更すると、新しいスタイルを作成できます。

2.3.3 スタイルの適用

続いては、スタイルを適用するときの操作手順を解説します。段落にスタイルを適用するときは、以下のように操作します。

① スタイルを適用する段落内にカーソルを移動します。

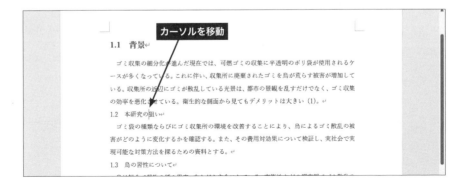

②「スタイル」グループにある ▽ をクリックし、スタイルの一覧から**適用する**スタイルを選択します。

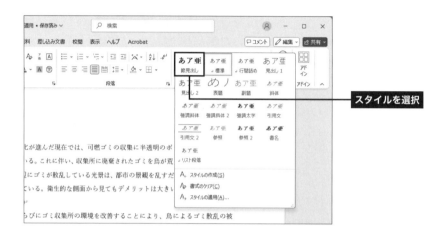

③ 段落にスタイルが適用され、段落全体の書式が「スタイルに登録されている書式」に変更されます。

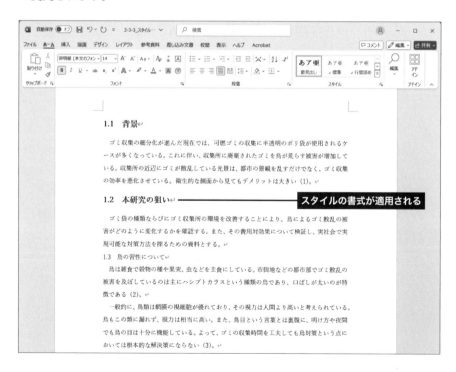

④ 同様の操作を繰り返して、他の見出し（節見出し）にも同じ書式を適用します。

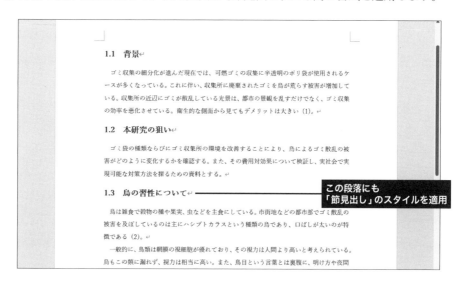

今回の例では、「節見出し」のスタイルに「14ポイント、太字」の書式が登録されています。よって、スタイルを適用した段落も「14ポイント、太字」の書式に変更されます。

卒業論文のように長い文書を作成するときは、そのつど書式を指定するのではなく、スタイルを活用して書式を指定していくのが基本です。実際に卒業論文を作成するときに戸惑わないように、今のうちから慣れておいてください。

［ホーム］タブから直接スタイルを適用

適用するスタイルが［ホーム］タブのリボンに表示されている場合は、それをクリックしてスタイルを適用することも可能です。この場合、スタイルの一覧を表示する必要はありません。なお、［ホーム］タブに表示されるスタイルの数は、Wordのウィンドウ幅に応じて自動的に変化する仕組みになっています。

2.3.4 スタイルの編集

　自作したスタイルに登録されている書式を後から変更することも可能です。たとえば、「節見出し」のスタイルに、フォント「游ゴシック Medium」、段落前の間隔「1行」といった書式を追加するときは、以下のように操作します。

① スタイルの一覧を表示します。続いて、書式を変更するスタイルを**右クリック**し、「**変更**」を選択します。

②「スタイルの変更」が表示されるので、種類に（**すべて**）を選択し、**文字の書式**を変更します。この例では、フォントを「游ゴシック Medium」に変更しました。

③ 続いて、**段落の書式**を変更します。[**書式**]ボタンをクリックし、「**段落**」を選択します。

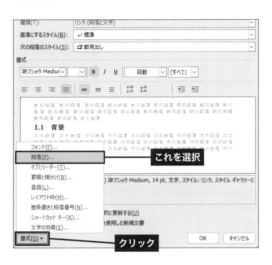

④「**段落**」**ウィンドウ**が表示され、段落の書式を指定できるようになります。今回の例では、段落前の間隔を「1行」に変更しました。

⑤ 手順②の画面に戻るので、[OK]ボタンをクリックして書式の変更を確定します。

　これで、スタイルに登録されている書式を変更できました。スタイルの書式を変更すると、そのスタイルが適用されている段落の書式も自動的に変更されます。今回の例では、「節見出し」のスタイルが適用されている段落に、フォント「游ゴシック Medium」、段落前の間隔「1 行」の書式が追加されることになります。

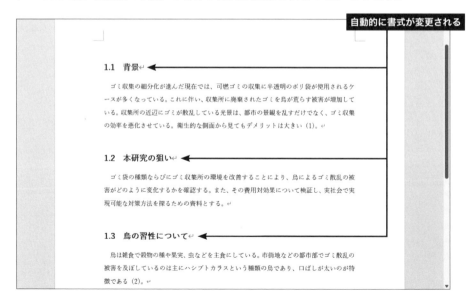

第2章　論文作成の基本テクニック
2.3　スタイルの活用

このようにスタイルを使って書式を指定しておくと、同じスタイルが適用されている段落の書式をまとめて変更することが可能となります。卒業論文の執筆がある程度進んでいる場合でも、スタイルの書式を変更するだけで、該当する段落（見出しの段落など）の書式をまとめて変更できます。

同様の作業を「スタイルを利用していない文書」で行う場合は、それぞれの段落（見出し）で書式指定を繰り返す必要があり、相当に面倒な作業が発生します。いつでも書式を手軽に変更できるように、スタイルを効果的に活用する方法を覚えておいてください。

2.3.5　文字スタイル

これまでに解説してきたスタイルは、厳密には**リンクスタイル**と呼ばれるもので、**「文字の書式」と「段落の書式」の両方**を適用するスタイルになります。一方、フォントや文字サイズ、太字／斜体のように「文字の書式」だけを適用できるスタイルも用意されています。こちらは**文字スタイル**と呼ばれています。

文字スタイルは、本文内のキーワードを「太字」にして強調したり、参考文献の番号を「上付き」で配置したりする場合などに活用できます。［ホーム］タブのリボンでも「太字」や「上付き」などの書式を指定できますが、文字スタイルを使った方がスムーズに作業を進められます。ぜひ使い方を覚えておいてください。

文字スタイルを作成するときも、あらかじめ自分で書式を指定しておく必要があります。今回の例では「游ゴシック Medium、上付き」の書式を指定しました。

1.1　背景

ゴミ収集の細分化が進んだ現在では、可燃ゴミの収集に半透明のポリ袋が使用されるケースが多くなっている。これに伴い、収集所に廃棄されたゴミを鳥が荒らす被害が増加している。収集所の近辺にゴミが散乱している光景は、都市の景観を乱すだけでなく、ゴミ収集の効率を悪化させている。衛生的な側面から見てもデメリットは大きい[1]。

文字の書式を指定

1.2　本研究の狙い

ゴミ袋の種類ならびにゴミ収集所の環境を改善することにより、鳥によるゴミ散乱の被害がどのように変化するかを確認する。また、その費用対効果について検証し、実社会で実

この書式をもとに**文字スタイル**を作成します。新しい文字スタイルを作成するときは、以下のように操作します。

① 書式を指定した文字を選択します。

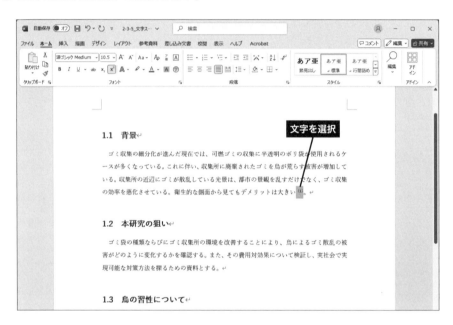

②「スタイル」グループにある⮟をクリックし、スタイルの一覧から「**スタイルの作成**」を選択します。

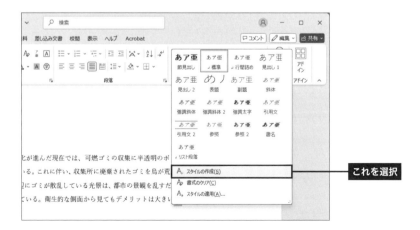

③ **スタイルの名前**を入力します。続いて、[**変更**]ボタンをクリックします。

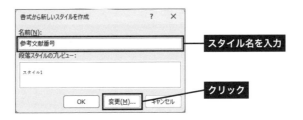

④ スタイルの書式を指定する画面が表示されるので、「**種類**」に「**文字**」を選択してから[OK]ボタンをクリックします。

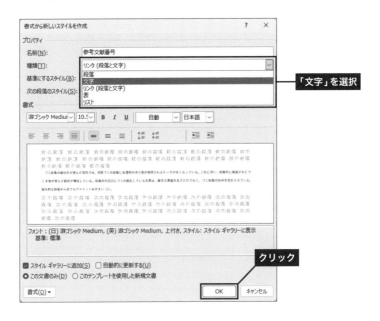

これで文字スタイルを作成できました。なお、文字スタイルを適用するときは、あらかじめ「対象となる文字」を選択しておく必要があります。

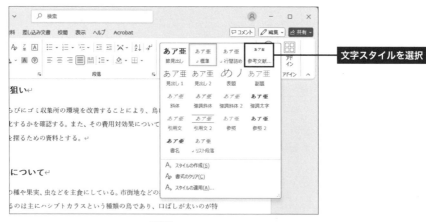

文字スタイルを選択

文字スタイルが適用される

リンクスタイルを文字に適用

同様の手順で「リンクスタイル」を「文字スタイル」として利用することも可能です。**段落内の一部の文字**を選択した状態でスタイルを適用すると、「文字の書式」だけを適用できます。この場合、「段落の書式」は適用されません。念のため、覚えておいてください。

2.3.6 スタイルを快適に利用するために

実際に卒業論文を執筆するときは、「章見出し」や「節見出し」などのスタイルを作成しておき、これらのスタイルを適用して書式を指定するのが基本です。たとえば、以下の例では「章見出し」、「節見出し」、「項見出し」、「参考文献番号」、「キーワード強調」といった5つのスタイルを卒業論文用に作成しています。

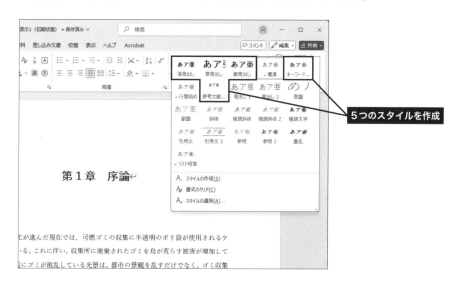

ただし、この一覧には使用する予定のないスタイル（最初から用意されているスタイル）も含まれているため、あまり使い勝手はよくありません。そこで、スタイルの一覧を見やすくする方法を紹介しておきます。

まずは、スタイルの一覧をウィンドウで表示する方法を紹介します。「**ホーム**」タブの「**スタイル**」グループにある 🗔 をクリックすると、スタイルの一覧を以下の図のようにウィンドウで表示できます。

このウィンドウの下部にある「**プレビューを表示する**」をチェックすると、各スタイルが「登録されている書式」で表示されるようになり、目的のスタイルを探しやすくなります。

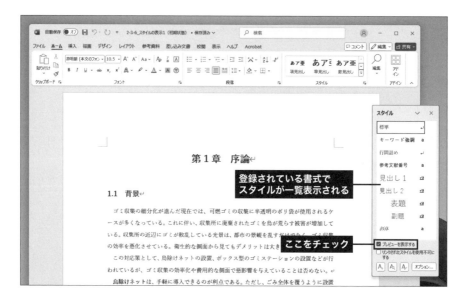

もちろん、このウィンドウ内に表示されているスタイルをクリックして、段落や文字にスタイルを適用することも可能です。［ホーム］タブより快適に作業を進められるので、ぜひ試してみてください。

使用する予定のないスタイルを非表示に設定することも可能です。この場合は、以下のように操作します。

①「スタイル」ウィンドウの下部にある A✓ (**スタイルの管理**) をクリックします。

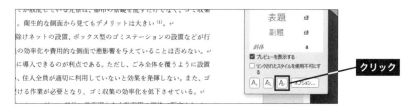

②「スタイルの管理」が表示されるので、[**推奨**] タブを選択し、「**推奨スタイルのみを表示**」にチェックを入れます。続いて、[**組み込みのスタイルを選択**] ボタンをクリックし、Wordに初めから用意されているスタイルを一括選択します。

③ 一括選択したスタイルのうち、「**標準**」**のスタイル**は「本文の書式」に戻すときに必要となるため非表示にしません。よって、[**Ctrl**]**キー**を押しながら「**標準**」**のスタイルをクリック**し、一括選択から外しておきます。その後、[**表示しない**]**ボタン**をクリックし、一括選択しているスタイルを非表示に設定します。

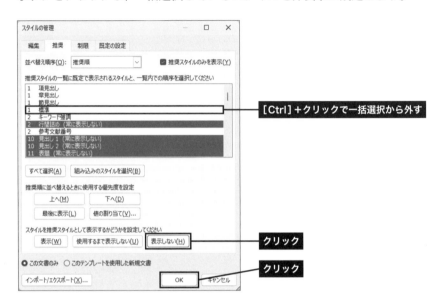

④ [**OK**]**ボタン**をクリックすると、**自作したスタイル**と「**標準**」**のスタイル**だけが「スタイル」ウィンドウに表示されるようになります。

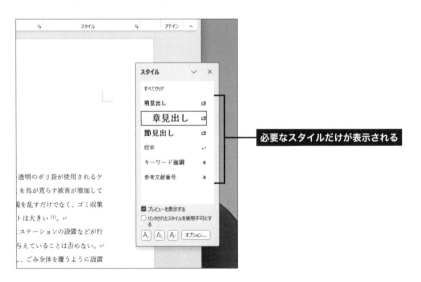

これでスタイルを探す手間がなくなり、スムーズに論文作成を進められるようになります。さらに、スタイルの一覧を自分の好きな順番に並べ替えることも可能です。以下に、その手順を紹介しておくので参考にしてください。

①「スタイル」ウィンドウにある A をクリックし、「スタイルの管理」を開きます。[**推奨**]**タブ**を選択し、「**推奨スタイルのみを表示**」にチェックを入れます。スタイルの並び順を指定するときは、この一覧の左端に表示されている数字（**優先度**）を変更します。並び順を変更するスタイルを選択し、[**値の割り当て**]**ボタン**をクリックします。

② 今回の例では「章見出し」のスタイルを2番目に表示します。よって、優先度に「2」を指定して[**OK**]**ボタン**をクリックします。

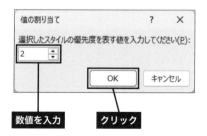

③「章見出し」のスタイルの優先度が「2」に変更され、スタイルの並び順が変更されます。

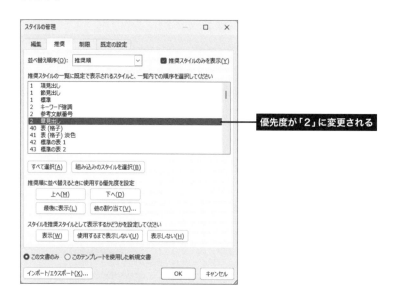

④ 同様の手順を繰り返して、スタイルを並べ替えたい順に**優先度**を指定します。優先度の数値は、必ずしも1から順番に指定しなければならない訳ではありません。今後、新しいスタイルを作成したときにも対応できるように、優先度に欠番を設けておくとよいでしょう。すべて指定できたら[OK]ボタンをクリックします。

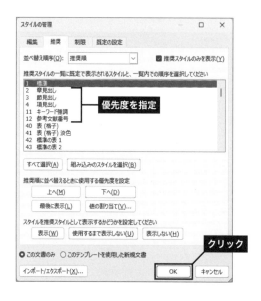

優先度40以降のスタイル

　優先度が40以降のスタイルは、表を作成する場合などに利用するスタイルとなります。通常時は「スタイル」ウィンドウに表示されないので、これらのスタイルの優先度は変更しなくても構いません。

⑤ **優先度の小さい順に**スタイルが並べ替えられます。この場合は並び順から目的のスタイルを探し出せるので、「**プレビューを表示する**」のチェックを外しておいてもよいでしょう。

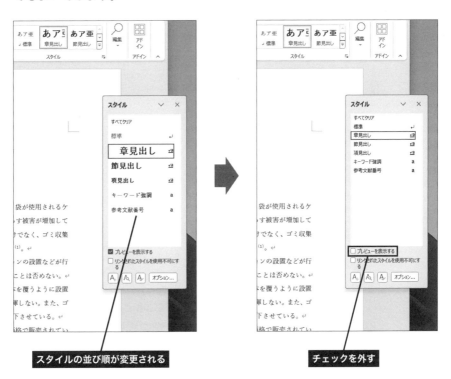

スタイルの並び順が変更される　　　　　　　チェックを外す

2.4 アウトライン レベルの指定

　続いては、目次を作成したり、ナビゲーション ウィンドウを利用したりするときに必要となる**アウトライン レベル**について解説します。卒業論文のようにページ数の多い文書では、見出しの段落にアウトライン レベルを指定しておくのが基本です。

2.4.1 アウトライン レベルとは？

　見出しとなる段落には、本文より大きな文字サイズを指定したり、太字の書式を指定したりするのが一般的です。ただし、これらの書式は「文字の見た目」を変化させるものであり、「段落の役割」を示している訳ではありません。Wordの立場からすると、「たとえ文字サイズが大きくても、その段落が見出しであるかを勝手に判断できない……」となります。各段落の役割を明確に示すには、これから解説する**アウトライン レベル**を指定しなければなりません。

　アウトライン レベルには、「**本文**」と「**レベル1**」～「**レベル9**」の10種類の値が用意されており、その初期値には「本文」が指定されています。このため、特に意識することなく文書を作成していくと、すべての段落が「本文」として扱われます。

2.4.2 アウトライン レベルの指定

　見出しの段落をWordに正しく認識させるには、アウトライン レベルに「**レベル1**」～「**レベル9**」のいずれかの値を指定しておく必要があります。1～9の数値は、見出しの階層を表しており、**小さい数値ほど上位の見出し**として認識される仕組みになっています。たとえば、「章→節→項」という構成で文書を作成するときは、章見出しに「レベル1」、節見出しに「レベル2」、項見出しに「レベル3」のアウトライン レベルを指定します。

　各段落のアウトライン レベルは、「**段落**」ウィンドウで指定します。［ホーム］タブの「**段落**」グループにある 🔲 をクリックし、次ページに示した設定項目を操作すると、アウトライン レベルの値を変更できます。

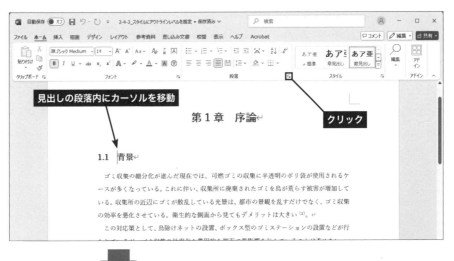

　アウトラインレベルを指定しても、文書の見た目は何も変化しません。この書式は、**目次**を自動作成したり、**ナビゲーションウィンドウ**を利用したりするときに役に立ちます。なお、目次の自動作成については本書の2.8節、ナビゲーションウィンドウについては本書の4.1節で詳しく解説します。

2.4.3 スタイルにアウトライン レベルを指定

すでに見出し用の**スタイル**を作成してある場合は、それぞれの段落（見出し）にアウトライン レベルを指定するのではなく、スタイルの書式を変更してアウトライン レベルを一括指定します。たとえば、「章見出し」のスタイルに「レベル1」のアウトライン レベルを指定するときは、以下のように操作します。

①「**章見出し**」のスタイルを**右クリック**し、「**変更**」を選択します。

②「スタイルの変更」が表示されるので、[**書式**]ボタンをクリックして「**段落**」を選択します。

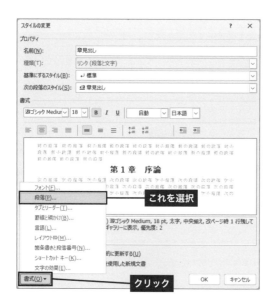

③「**段落**」ウィンドウが表示されます。この画面で「**アウトライン レベル**」に「**レベル1**」を指定し、[**OK**]**ボタン**をクリックします。

④ 手順②の画面に戻るので、アウトライン レベルが正しく指定されていることを確認してから[**OK**]**ボタン**をクリックします。

以上でスタイルの書式変更は完了です。この操作を行うと、「章見出し」のスタイルが適用されている段落に「レベル1」のアウトライン レベルが指定されます。同様の手順で、**「節見出し」のスタイル**には**「レベル2」**、**「項見出し」のスタイル**には**「レベル3」**のアウトライン レベルを指定します。
　このように「見出しのスタイル」にアウトライン レベルの書式指定を含めておくと、以降はスタイルを適用するだけでアウトライン レベルも指定できるようになります。長い文書の作成に欠かせない機能なので、よく覚えておいてください。

　なお、アウトライン レベルが正しく指定されているかを確認したいときは、以下のように操作して**ナビゲーション ウィンドウ**を開きます。このウィンドウに文書内の見出しが一覧表示されていれば、アウトライン レベルは正しく指定されています。

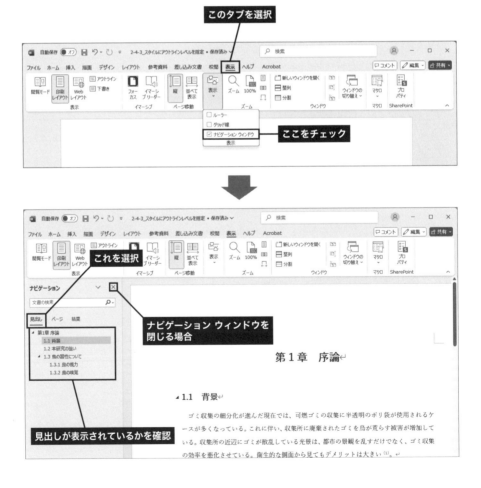

2.5 見出し番号の自動入力

章、節、項の見出しには「第2章」や「2.1.3」などの**見出し番号**を付けて、階層をわかりやすく示すのが基本です。Wordには、見出し番号を自動入力してくれる機能が用意されています。続いては、見出し番号の自動入力について解説します。

2.5.1 見出し番号を自動入力する場合の設定手順

卒業論文を作成するときは、見出しの先頭に「第2章」や「2.1.3」などの**見出し番号**を付けるのが一般的です。これらの文字はキーボードから直接入力しても構いませんし、Wordに用意されている機能を使って自動入力しても構いません。

見出し番号を自動入力するときは、「**新しいアウトラインの定義**」を使って「スタイル」と「見出し番号」を対応付けます。たとえば、章見出しに「第X章」、節見出しに「X.X」、項見出しに「X.X.X」という見出し番号を自動入力するときは、以下のように設定を行います。

① 章見出しの段落に**カーソルを移動**し、[**ホーム**]**タブ**にある（**アウトライン**）をクリックして「**新しいアウトラインの定義**」を選択します。

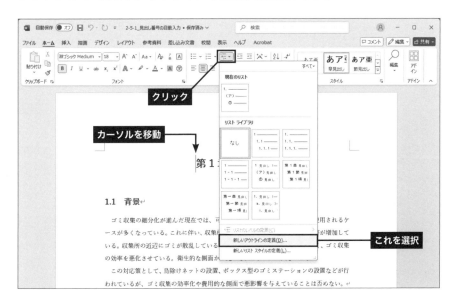

② 以下のような設定画面が表示されるので、[**オプション**]**ボタン**をクリックして設定画面を拡張します。

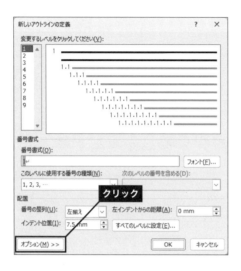

③ **各レベルの見出し番号**と**スタイル**を対応させていきます。レベルに「1」を選択し、「**章見出し**」**のスタイル**を選択します。

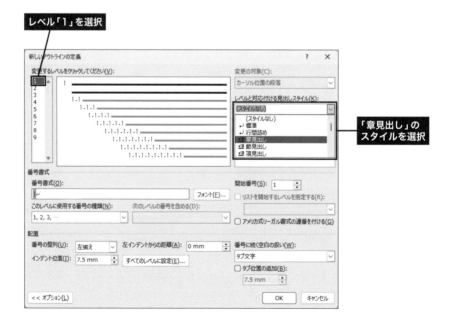

④ 続いて、見出し番号の書式（**番号書式**）を指定します。今回の例では、章見出しの番号を「第X章」と表示するので、1の前後に「第」と「章」の文字を入力します。

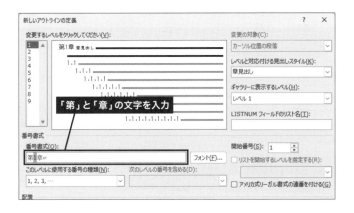

1の表示について

「番号書式」にある1の表示は、Wordにより自動入力される数字（1、2、3、……）を示しています。この前後に好きな文字を入力すると、数字以外の文字を見出し番号に追加できます。

⑤ 続いて、節見出しの番号を設定します。レベルに「**2**」を選択し、対応させるスタイルに「**節見出し**」のスタイルを指定します。今回の例では、節見出しの番号を「X.X」と表示するので、「**番号書式**」を変更する必要はありません。

105

⑥ 同様の手順で、項見出しの番号を設定します。レベルに「**3**」を選択し、対応させるスタイルに「**項見出し**」**のスタイル**を指定します。今回の例では、項見出しの番号を「X.X.X」と表示するので、こちらも「**番号書式**」を変更する必要はありません。

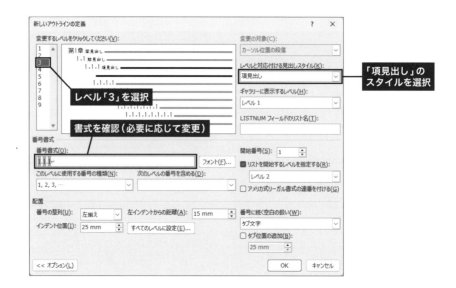

⑦ 以上で、見出し番号の設定は完了です。念のため、画面上部で設定内容を確認してから[**OK**]**ボタン**をクリックします。

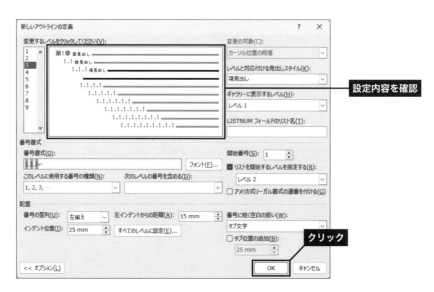

先ほど示した手順で「見出し番号の自動入力」を設定すると、各見出しの先頭に以下の図のような見出し番号が表示されます。すでに見出し番号を自分で入力してある場合は、「自動入力された見出し番号」と「自分で入力した見出し番号」が重複して表示されます。この場合、「自分で入力した見出し番号」は不要になるので削除しておきます。

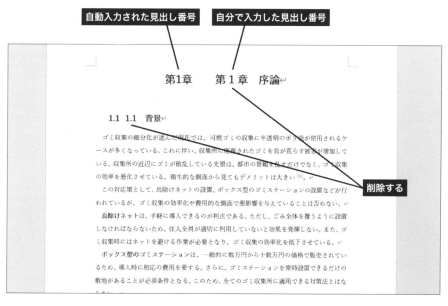

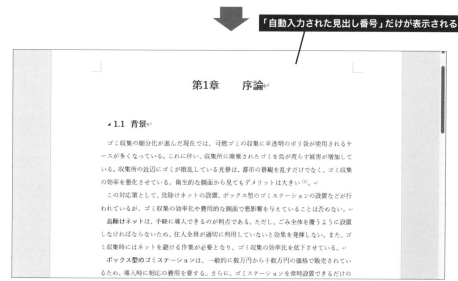

この機能の便利な点は、状況に応じて見出し番号を自動調整してくれることです。たとえば、「1.2　本研究の狙い」の段落を「項見出し」のスタイルに変更すると、見出し番号が「1.1.1」に自動調整されます。もちろん、以降の見出し番号も自動的に調整されます。

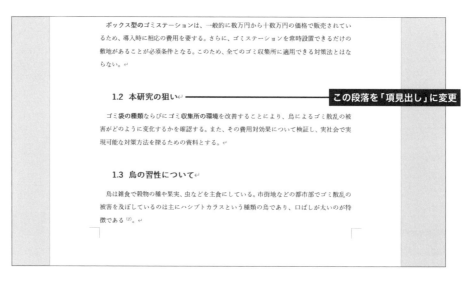

新たに見出しを入力するときも、見出し番号を自分で入力する必要はありません。文字を入力してスタイルを適用するだけで、適切な見出し番号が自動入力されます。

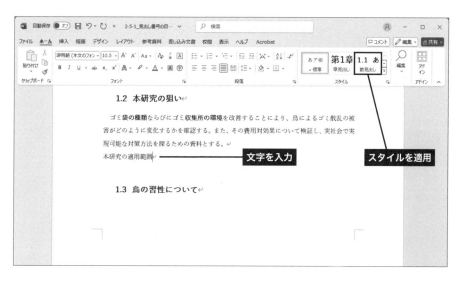

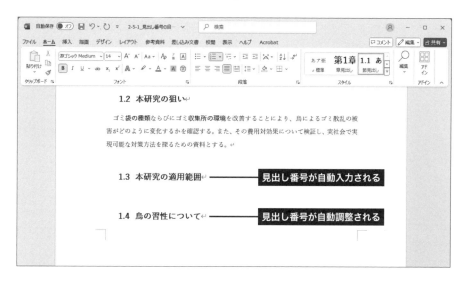

このように、「見出し番号の自動入力」は文書の構成を後から変更する場合にも役立つ機能となります。見出し番号を自分の手で入力しても構いませんが、作業の効率を考えると、自動入力を設定しておいた方が何かと便利です。

2.5.2 見出し番号の配置調整

「見出し番号の自動入力」を設定すると、見出しの段落が少し右にズレて配置されます。また、「見出し番号」と「見出し文字」の間隔も適切とはいえません。

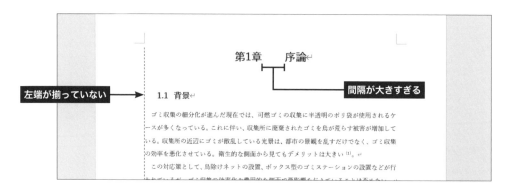

これらの不具合を解消するには、「**左インデントからの距離**」や「**番号に続く空白の扱い**」を変更しておく必要があります。以下にその設定手順を紹介しておくので、これを参考に配置の調整を行ってください。

① 見出しの段落に**カーソルを移動**し、（アウトライン）から「**新しいアウトラインの定義**」を選択します。

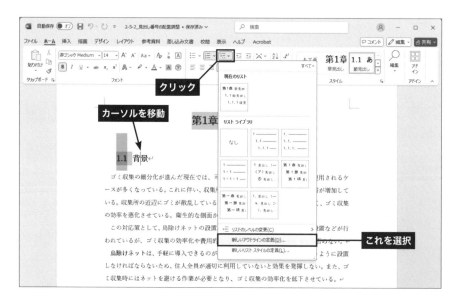

② レベルに「2」を選択し、「左インデントからの距離」を「0mm」に変更します。これは「見出し番号の左側の余白」を設定する項目となります。

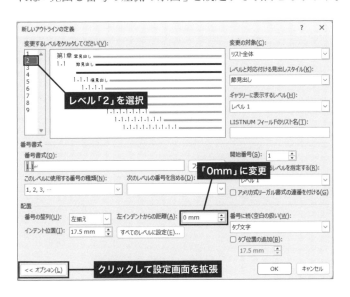

③ 続いて、「番号に続く空白の扱い」に「なし」を指定します。ただし、このままでは「見出し番号」と「見出し文字」の間隔がなくなってしまうので、「番号書式」の末尾に**全角スペース**などを挿入して間隔を調整します。すべて設定できたら[OK]ボタンをクリックします。

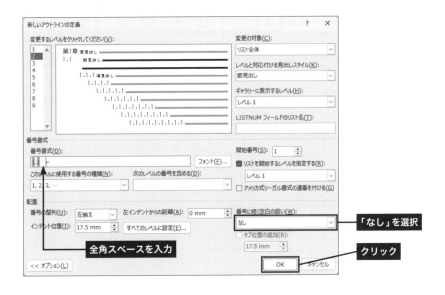

④ レベル2（節見出し）の配置が変更されます。

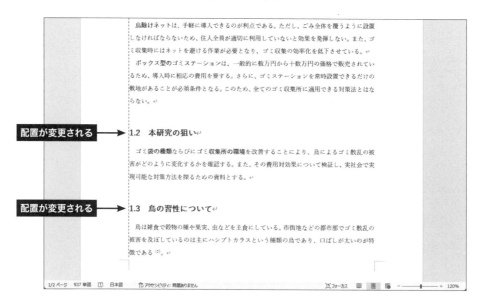

　　レベル1とレベル3の見出し番号についても同様の手順で配置調整を行うと、見出しの段落を次ページの図のように配置できます。

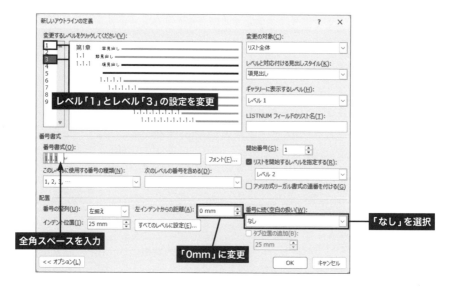

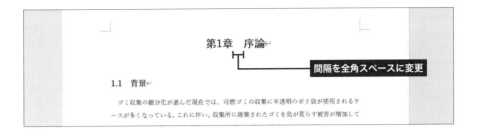

2.6 スタイルの確認

ここまでの作業で卒業論文の基本的な設定を行うことができました。念のため、各スタイルに登録した書式を確認しておきましょう。以降に、本書で指定した書式の例を紹介しておくので参考にしてください。もちろん、この書式設定をそのまま利用できない場合もあります。卒業論文の「書き方のルール」は大学、学部、学科ごとに異なるので、それに従って書式設定を行うようにしてください。

2.6.1 本文（標準）のスタイル

本文の書式は「**標準**」の**スタイル**に設定されています。このスタイルに設定されている書式を確認するときは、スタイルの一覧をウィンドウで表示し（P91～92参照）、「標準」のスタイルの上へマウスを移動します。すると、「標準」のスタイルに登録されている書式がポップアップで表示されます。

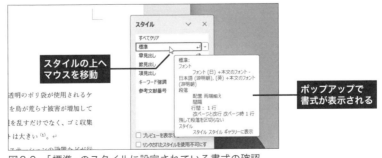

図2-9 「標準」のスタイルに設定されている書式の確認

白紙の状態から文書を作成した場合は、P75〜77で指定した書式が「標準」のスタイルに登録されているはずです。この書式を変更するときは、**右クリックメニュー**から「**変更**」を選択し、スタイルの編集を行います。1ページあたりの文字数、行数、余白などの設定は「**ページ設定**」**ウィンドウ**で確認できます。

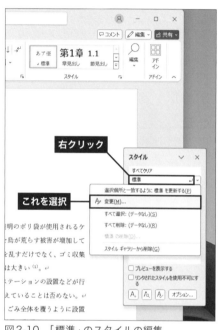

図2-10　「標準」のスタイルの編集

図2-11　「ページ設定」ウィンドウ

　参考までに、本書で指定した書式の例を以下に紹介しておきます。

■**本文の書式の例**
　《文字の書式》
　　　フォント：（日）+本文のフォント - 日本語（游明朝）　※初期値
　　　　　　　（英）+本文のフォント（游明朝）　※初期値
　　文字サイズ：10.5pt
　《ページ設定》
　　　余　白：上下35mm、左右30mm
　　　文字数：40字（字送り：10.5pt）
　　　行　数：30行（行送り：21.4pt）

114

「標準」のスタイルは、文字や段落の書式を「本文の書式」に戻したい場合などに活用できます。たとえば、「節見出し」のスタイルを適用してから改行し、そのまま本文の入力を始めると、「節見出し」のスタイルが引き継がれた状態で文字が入力されてしまいます。このような場合は、**「標準」のスタイルを適用**すると、その段落の書式を「本文の書式」に戻すことができます。意外と頻繁に利用する操作なので、必ず覚えておいてください。

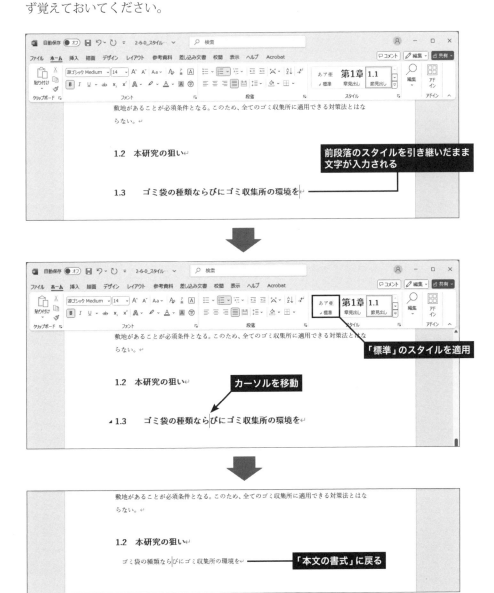

2.6.2 章見出しのスタイル

続いては、「**章見出し**」**のスタイル**に登録されている書式を紹介します。本書の例では、以下のような書式を「章見出し」のスタイルに登録してあります。

■「章見出し」に登録した書式の例
 《文字の書式》
　　フォント：游ゴシック Medium
　　文字サイズ：18pt
　　文字飾り：太字
 《段落の書式》
　　行揃え：中央揃え
　　アウトライン レベル：レベル 1
　　段落前で改ページする
 《見出し番号との対応》
　　レベル：1
　　番号書式：第 X 章

　この例では章見出しを「中央揃え」で配置していますが、章見出しを「両端揃え」（左揃え）で配置する場合もあります。文字の配置は各大学（学部、学科）のルールに従って指定してください。

　なお、各章の見出しを必ずページの先頭に配置するときは、「**段落**」**ウィンドウ**で「**段落前で改ページする**」にチェックを入れておくと便利です。すると、そのつど**改ページ**を挿入しなくても、章見出しの前で自動的に改ページされるようになります。もちろん、この書式は「章見出し」のスタイルに追加しておく必要があります。

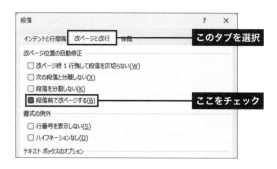

2.6.3 節見出しのスタイル

次は、「**節見出し**」**のスタイル**に登録した書式を紹介します。本書の例では、以下のような書式を「節見出し」のスタイルに登録してあります。

■「節見出し」に登録した書式の例
　《文字の書式》
　　　フォント：游ゴシック Medium
　　　文字サイズ：14pt
　　　文字飾り：太字
　《段落の書式》
　　　アウトライン レベル：レベル 2
　　　段落前の間隔：1 行
　　　次の段落と分離しない
　《見出し番号との対応》
　　　レベル：2
　　　番号書式：X.X

「節見出し」のスタイルには、「**次の段落と分離しない**」の書式を指定しておくと便利です。この書式は「**段落**」**ウィンドウ**で指定できます。

実際に卒業論文の執筆を始めると、以下の図のように「見出しの段落」だけがページの末尾に取り残されてしまう場合があります。

図2-12 「見出し」と「本文」が別のページに配置された例

こういった不具合を自動的に回避してくれるのが、「**次の段落と分離しない**」です。この項目にチェックを入れておくと、図2-12のような状態になったときに、見出しを自動的に次ページに送ってくれるようになります（図2-13）。

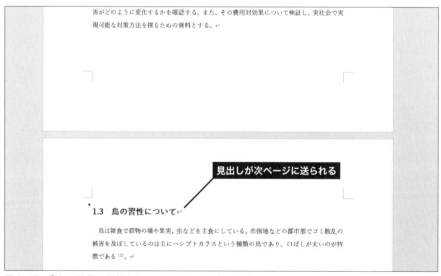

図2-13 「次の段落と分離しない」による不具合の解消

第2章　論文作成の基本テクニック

2.6　スタイルの確認

　　見出しの前に改行を挿入すれば解決できる問題ですが、その結果、後のページで新たな不具合が発生してしまう可能性もあります。そのつど文書全体をチェックしなくて済むように、「節見出し」のスタイルに「次の段落と分離しない」の書式を追加しておくとよいでしょう。

2.6.4　項見出しのスタイル

　　本書の例では、「**項見出し**」の**スタイル**に以下のような書式を登録してあります。

■「項見出し」に登録した書式の例
《文字の書式》
　　　フォント：游ゴシック Medium
　　　文字サイズ：10.5pt
　　　文字飾り：太字
《段落の書式》
　　　アウトライン レベル：レベル3
　　　段落前の間隔：0.5行
　　　次の段落と分離しない
《見出し番号との対応》
　　　レベル：3
　　　番号書式：X.X.X

　　このスタイルにも「**次の段落と分離しない**」の書式を指定しておくのが基本です。なお、卒業論文の構成を「○章○節」で終える場合は、「項見出し」のスタイルを作成しなくても構いません。

2.6.5 文字スタイルについて

　見出しのスタイルのほかに、「強調して表示する文字」、「参考文献の番号を示す文字」などのスタイルも作成しておくと便利です。これらは**文字スタイル**で作成します（P87 〜 90参照）。

　各大学のルールに従って、卒業論文に必要となる文字スタイルを作成しておくとよいでしょう。参考までに、本書で作成した文字スタイルの例を以下に紹介しておきます。

■「キーワード強調」に登録した書式の例
　《文字の書式》
　　　　フォント：游ゴシック Light
　　　　文字飾り：太字

■「参考文献番号」に登録した書式の例
　《文字の書式》
　　　　フォント：游ゴシック Medium
　　　　文字飾り：上付き

第2章　論文作成の基本テクニック

2.7　表紙と概要の作成

2.7 表紙と概要の作成

　続いては、卒業論文の**表紙**と**概要**を作成する方法を解説します。特に難しい操作はありませんが、本文（第1章）の前に**セクション区切り**を挿入しておく必要があることを忘れないようにしてください。

2.7.1 表紙の作成

　卒業論文の**表紙**に記述すべき内容やレイアウトは、大学（学部、学科）ごとに異なります。このため、それぞれのルールに従って表紙を作成しなければいけません。

　本書では図2-14に示した表紙を例に、具体的な操作手順を解説していきます。この例とレイアウトが異なる場合であっても、ほぼ同様の手順で表紙を作成できると思うので、実際に表紙を作成するときの参考にしてください。

図2-14　表紙の例

121

まずは、表紙用のページを確保します。「**第1章の見出し**」の先頭にカーソルを移動して[Enter]キーを押します。

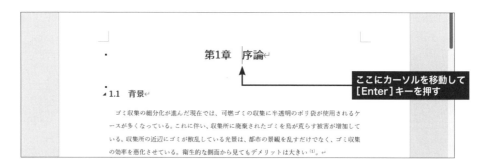

カーソルを移動する位置

上記の例では、見出し番号を自動入力するように設定しています。このため「**第1章**」**の後**が本文の先頭になります。見出し番号を自分の手で入力している場合は、「**第1章**」**の前**にカーソルを移動してから[Enter]キーを押すようにしてください。

「**章見出し**」のスタイルに「**段落前で改ページする**」が指定されている場合は、「第1章」以降が自動的に次ページへ送られるため、文書の先頭に空白ページが挿入されます。このページを表紙として使用します。

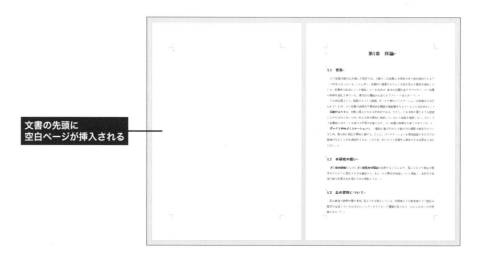

複数ページの表示

前ページの図のように複数のページを横に並べて表示したい場合は、[**表示**]**タブ**にある（**複数ページ**）をクリックします。続いて、文書の表示倍率を小さくしていくと、画面に複数のページを並べて表示できます。元の表示方法に戻すときは、[表示]タブにある（**1ページ**）をクリックします。

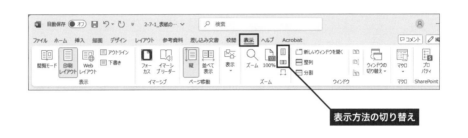

表示方法の切り替え

新しく挿入されたページに移動し、「**標準**」**のスタイル**を適用します。その後、**表紙に配置する文字**を各大学のルールに従って入力します。

「標準」のスタイルを適用

表紙の文字を入力

表紙の文字を入力できたら、各段落にフォントや文字サイズ、文字の配置などの書式を指定します。これらの書式は[ホーム]タブにあるコマンドを使って直接指定します。本書の例では以下の図のように書式を指定しました。

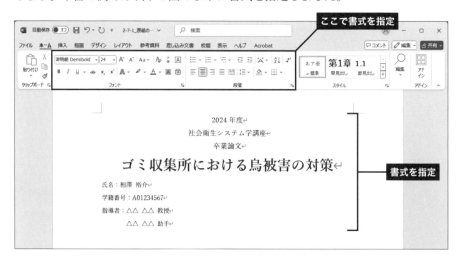

各行の間隔は「**前段落との間隔**」で指定します。そのつど「段落」ウィンドウを開くのが面倒な場合は、[**レイアウト**]**タブ**で書式を指定するとよいでしょう。「**前**」または「**後**」の ⬍ をクリックするごとに段落前後の間隔を0.5行ずつ増減できます。

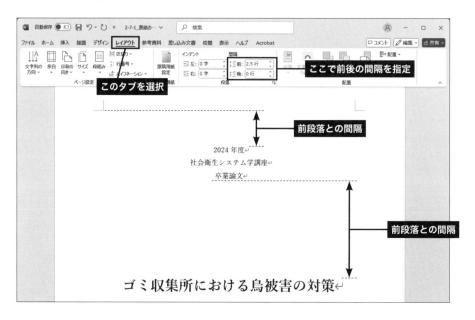

氏名などの文字を配置する部分は、**左インデント**の書式を利用します。この書式も[**レイアウト**]**タブ**で指定することが可能です。

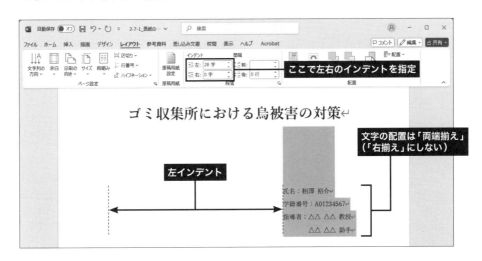

氏名／学籍番号／指導者のように「字数が異なる文字」を揃えて配置するときは、**均等割り付け**を使って文字間隔を調整します。たとえば、「指導者」の文字を4文字分の幅で配置するときは、以下のように操作します。

①「指導者」の文字を選択し、[**ホーム**]**タブ**にある ▤ (**均等割り付け**)をクリックします。

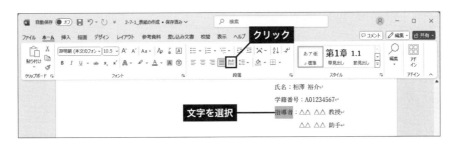

②「**新しい文字列の幅**」に「4字」を指定し、[**OK**]**ボタン**をクリックします。

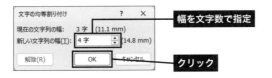

③ 文字間隔が自動調整され、「指導者」の文字が4文字分の幅で配置されます。すぐ下にある行は**全角スペース**の挿入などにより文字の位置を揃えます。

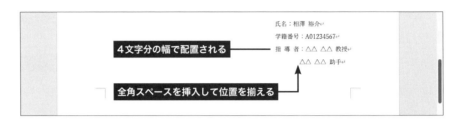

最後に、ページ全体が見えるように表示倍率を縮小し、全体のバランスを整えると卒業論文の表紙が完成します。

2.7.2 概要の作成

次は、卒業論文の**概要**を作成していきます。**表紙の末尾**にカーソルを移動し、[Enter]**キー**を押します。

続いて、[**レイアウト**]タブを選択し、「**区切り**」→「**改ページ**」を選択します。

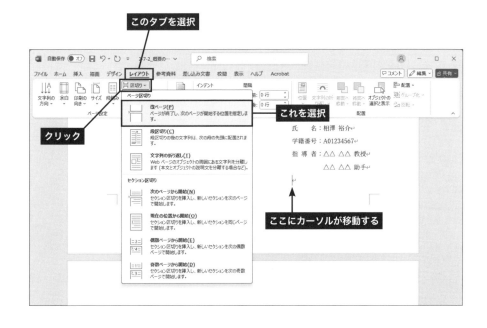

カーソルがあった位置に「改ページ」が挿入され、表紙の次のページに空白ページが挿入されます。このページを概要のページとして利用します。

新しく挿入されたページには「表紙の最後の段落」の書式が引き継がれています。このままでは概要の入力に支障をきたすので、「**標準**」**のスタイル**を適用して「本文の書式」に戻しておきます。

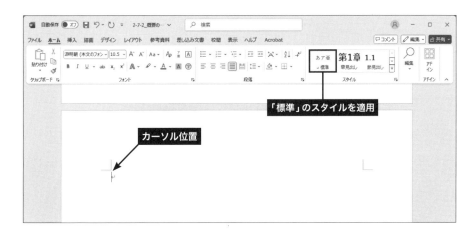

あとは卒業論文の内容に合わせて「概要の文章」を入力していくだけです。概要の文字数が定められている場合は、それに従って概要の文章を記述します。まだ概要の文章が確定していない場合は、とりあえずダミーの文字を入力しておいても構わないでしょう。この場合は、卒業論文の本文が完成した後に概要の文章を入力しなおすことになります。

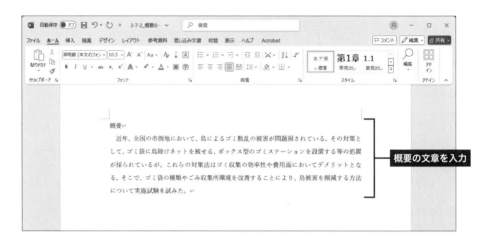

最後に、「概要」の文字に適当な書式を指定すると、概要のページが完成します。「概要」の文字も見出しの一種になりますが、文書内に何回も登場する見出しではないため、あらためてスタイルを作成する必要はありません。[ホーム] タブにあるコマンドを使って書式を直接指定します。

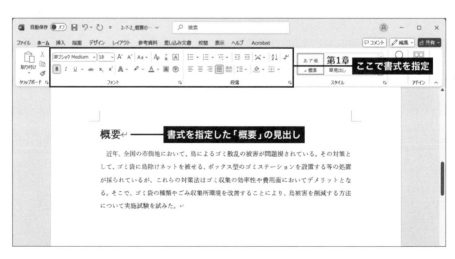

2.7.3 セクション区切りの挿入

　卒業論文では、「表紙」や「概要」のページに**ページ番号**を付けないのが一般的です。よって、文書の1ページ目は、「本文」の最初のページ（第1章のページ）になります。このように文書の途中からページ番号を開始するときは、文書を**セクション区切り**で分割しておく必要があります。

　「表紙」と「概要」のページをカウントしないで、「本文」のページからページ番号を開始するときは、「概要」と「本文」の間にセクション区切りを挿入します。この作業を忘れると、「表紙」や「概要」にもページ番号が付けられてしまうことに注意してください。

　「概要」と「本文」の間にセクション区切り（次のページから開始）を挿入するときは、以下のように操作します。

①「**第1章の見出し**」**の先頭**にカーソルを移動します。

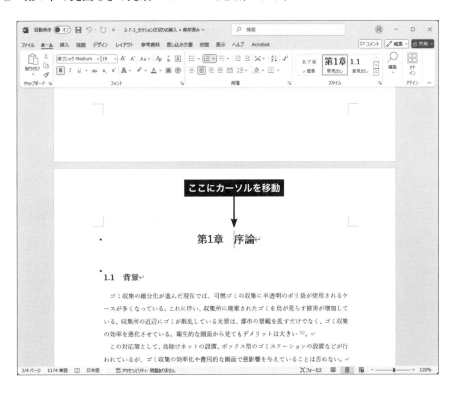

129

②［レイアウト］タブを選択し、「区切り」→「次のページから開始」を選択します。

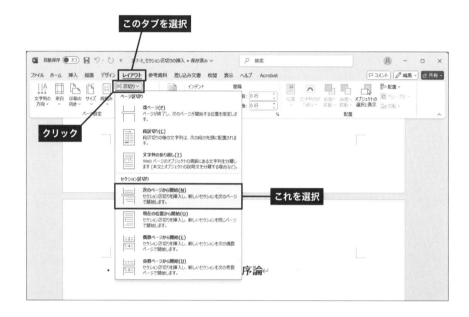

③［ホーム］タブにある ↵（編集記号の表示／非表示）をクリックしてONにすると、「概要」の末尾にセクション区切りが挿入されているのを確認できます。

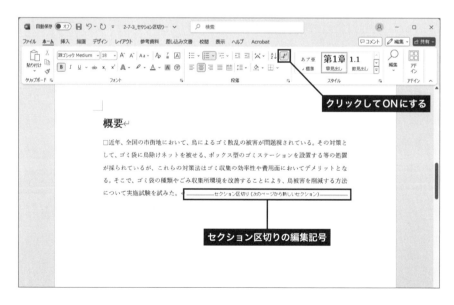

2.8 ページ番号と目次

続いては、各ページの下部に**ページ番号**を配置する方法と、**目次**を作成する方法について解説します。

2.8.1 文書全体の構成

まだ本文を十分に執筆できていない段階では、**目次**を作成しても数行しか見出しが表示されないため、目次のイメージを把握しにくいと思います。また、**ページ番号**を配置したときに数値が増えていく様子も確認できません。

そこで、ある程度の作業が済んだ時点で、**論文全体(序論〜結論)にわたって見出しを入力しておく**ことをお勧めします。こうしておくと論文全体の構成を把握しやすくなり、執筆作業を進めやすくなります。

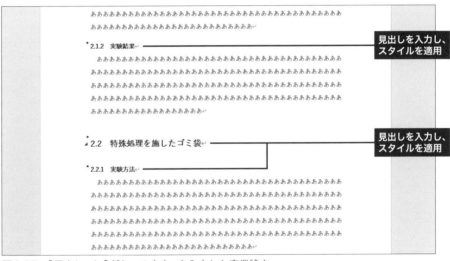

図2-15 「見出し」と「ダミーの本文」を入力した卒業論文

もちろん、入力した見出しには**スタイル**を適用しておく必要があります。この作業を行わないと**アウトライン レベル**や**見出し番号**の書式が指定されないため、目次を正しく作成することができません。さらに、図2-15のようにダミー文字で本文を入力しておくと、論文全体の仕上がりイメージを確認しやすくなります。

2.8.2 ページ番号の配置

それでは、**ページ番号**を配置する方法を解説していきましょう。卒業論文では、ページ番号を**フッター**に配置するのが一般的です。以下に具体的な操作手順を解説しておくので、これを参考にページ番号を配置してください。

①「本文」の最初のページ（第1章の見出しがあるページ）を表示し、そのページの下部にある**フッター領域**を**ダブルクリック**します。

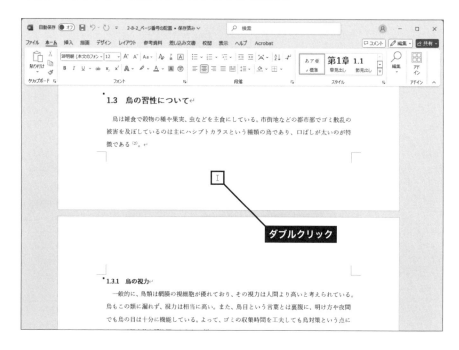

②［ヘッダーとフッター］タブが表示されるので、「**前と同じヘッダー／フッター**」をクリックしてOFFにします。

③ 続いて、「**ページ番号**」をクリックし、「**ページの下部**」→「**番号のみ2**」を選択します。

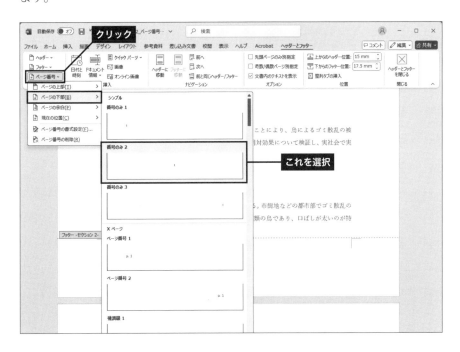

④ フッター領域の中央に「3」というページ番号が表示されます。現時点では「表紙」と「概要」もページ番号にカウントされているため、「本文」の最初のページは3ページ目になります。

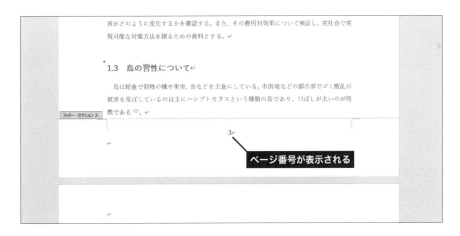

⑤「本文」が1ページ目から開始されるように設定を変更します。「**ページ番号**」を クリックし、「**ページ番号の書式設定**」を選択します。

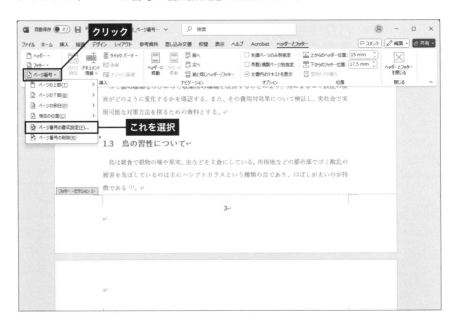

⑥ 以下のような設定画面が表示されるので、「**開始番号**」に「**1**」を指定して[**OK**]ボタンをクリックします。

⑦「本文」の最初のページの**ページ番号**が「1」に変更されます。これを確認してから**「ヘッダーとフッターを閉じる」**をクリックします。

⑧ いつもの編集画面に戻るので、画面をスクロールさせてページ番号を確認します。正しく設定されていれば、「本文」の最初のページから順番に「1、2、3、……」とページ番号が付けられているのを確認できると思います。

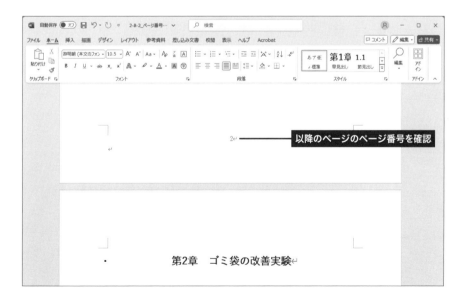

前述した手順でフッターの編集を行うと、「表紙」と「概要」にはページ番号が配置されず、「本文」だけにページ番号が配置されるようになります。

図2-16　表紙のページ　　　　　　　　　図2-17　概要のページ

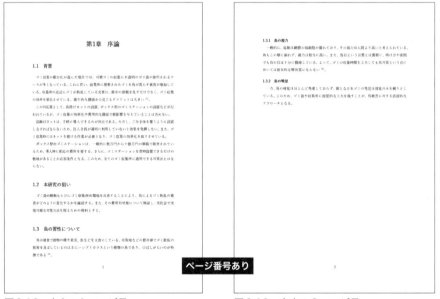

図2-18　本文の1ページ目　　　　　　　図2-19　本文の2ページ目

「表紙」や「概要」にもページ番号が配置されてしまう場合は、「概要」の後に**セクション区切り**が挿入されているかを確認します（P129～130参照）。また、P132の手順②の操作を忘れてしまった場合も、文書全体にページ番号が配置されてしまいます。ページ番号を正しく配置できなかったときは、これらの点をよく確認してから、もういちど作業をやり直してください。

フッターの位置調整

ページ番号を表示する位置（高さ）を変更したいときは、フッター領域をダブルクリックして［ヘッダーとフッター］タブを表示し、**「下からのフッター位置」**の数値を変更します。すると、ページ番号の位置を上下に移動させることができます。

ページ番号を「左揃え」や「右揃え」で配置することも可能です。この場合は、ページ番号の文字をドラッグして選択し、［ホーム］タブで配置を指定します。そのほか、ページ番号の前後にハイフンなどの文字を入力して、「- 1 -」や「- 2 -」のような形式でページ番号を表示することも可能です。

2.8.3　目次の作成

続いては、**目次**の作成方法を解説します。目次は本文の執筆が完了した後に作成するのが基本ですが、先に目次を作成しておいても特に問題は生じません。文書全体の構成を早く確定させたい場合は、先に目次を作成しておくとよいでしょう。

次ページに、目次を作成するときの操作手順を示しておくので、これを参考に目次を作成してください。

①「**概要**」の最後（セクション区切りの前）にカーソルを移動します。

② 続いて、[**レイアウト**]タブを選択し、「**区切り**」→「**改ページ**」を選択します。

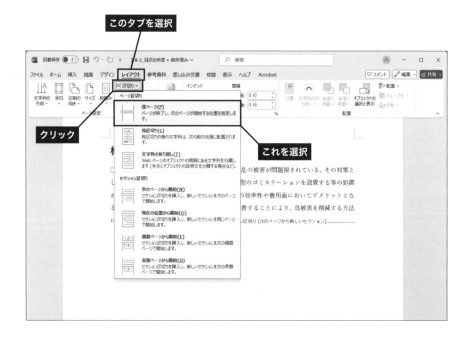

③「概要」と「本文」の間に白紙のページが挿入されます。これを目次用のページとして使用します。挿入されたページの先頭にカーソルがあることを確認し、「**標準**」**のスタイル**を適用します。

④ [**参考資料**] **タブ**を選択し、「**目次**」→「**自動作成の目次2**」を選択します。

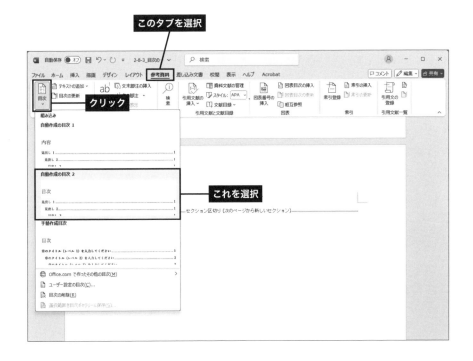

⑤ 文書内の見出しが自動抽出され、以下のような目次が作成されます。

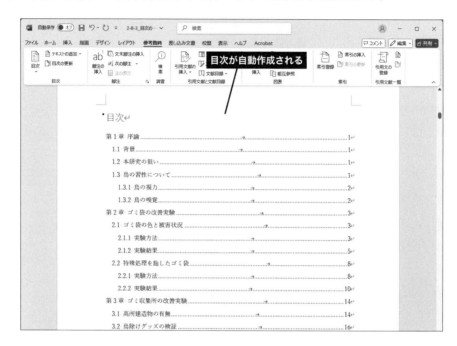

　Wordの目次作成機能は、「レベル1」、「レベル2」、「レベル3」の**アウトラインレベル**が指定されている段落を自動抽出する仕組みになっています。アウトラインレベルが適切に指定されていない場合は、目次を自動作成できないことに注意してください。

　もしも目次が正しく作成されなかった場合は、本書の2.4節を参考に、もういちどアウトライン レベルの指定をやり直してみてください。アウトライン レベルの指定は、各見出しのスタイルに登録しておくのが基本です。

2.8.4　目次の書式設定

　自動作成された目次は、「目次」の文字が薄い青色で表示されています。卒業論文をモノクロで作成する場合は、この文字色を黒に修正しておく必要があります。そのほか、目次に強弱を付けたい場合などは、**目次のスタイル**で書式を変更する必要があります。続いては、目次の書式設定について解説します。

目次を自動作成すると、「**スタイル**」ウィンドウに「**目次1**」、「**目次2**」、「**目次3**」、「**目次の見出し**」といったスタイルが追加されます。

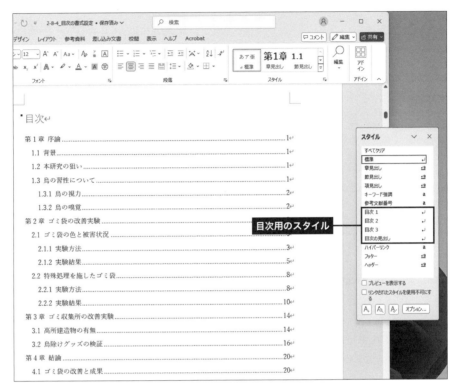

これらのスタイルは、それぞれ以下の段落に対応しています。

　　目次1 ……………………… 章見出し（レベル1）の目次
　　目次2 ……………………… 節見出し（レベル2）の目次
　　目次3 ……………………… 項見出し（レベル3）の目次
　　目次の見出し ……………「目次」の文字

　これらのスタイルに登録されている書式を変更することで、目次全体の書式を変更します。スタイルの書式を変更する手順は、自作したスタイルの書式を変更する場合と同じです。たとえば、「**目次の見出し**」**のスタイル**の文字色を黒に変更し、太字を指定するときは、次ページのように操作します。

①「**目次の見出し**」のスタイルを**右クリック**し、「**変更**」を選択します。

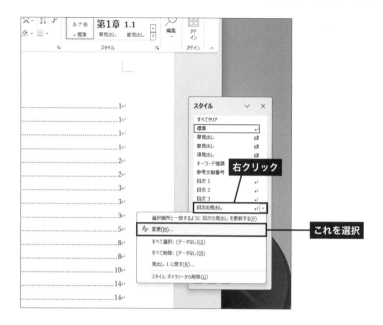

②「スタイルの変更」が表示されるので、**文字色**「**黒**」と「**太字**」の書式を指定して[OK]ボタンをクリックします。

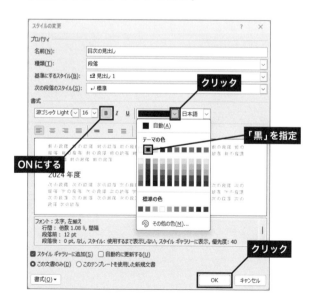

③「目次」の文字が黒色、太字に変更されます。

　同様の手順で、「目次1」、「目次2」、「目次3」のスタイルの書式を変更することも可能です。段落の書式を指定するときは、[**書式**]**ボタン**から「**段落**」を選択します。本書の例では「**目次1**」**のスタイル**（章見出し）に「游ゴシック Medium」と「太字」の書式を指定しました。

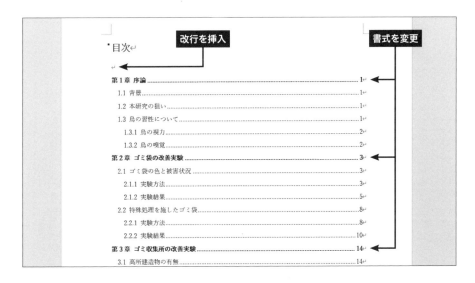

　このように、目次の書式は自由にカスタマイズできます。見やすい目次になるように、各自で工夫してみてください。もちろん、大学のルールで目次の書式が定められている場合は、そのルールに従って目次の書式を指定します。

2.8.5 目次の更新

　目次を作成した後に「本文の修正」や「見出しの変更」などを行った場合は、**目次の更新**を実行しておく必要があります。この作業を忘れると、目次を作成した時点の「見出し」や「ページ番号」がそのまま維持されるため、間違った目次になってしまいます。加筆や修正により「見出し」や「ページ番号」を変更しても、**目次は自動更新されない**ことに注意してください。

　目次を更新するときは、以下のように操作します。

① [**参考資料**] **タブ**を選択し、「**目次の更新**」をクリックします。

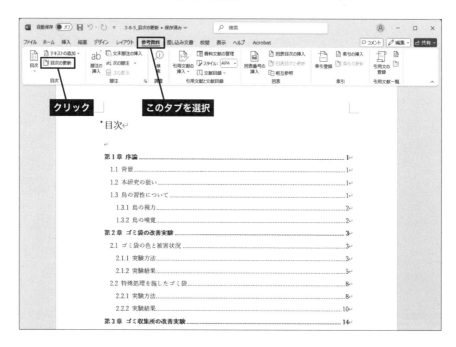

② 以下のような画面が表示されるので、「**目次をすべて更新する**」を選択して [**OK**] **ボタン**をクリックします。

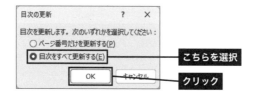

144

ページ番号だけを更新

先ほどの画面で「ページ番号だけを更新する」を選択すると、各見出しの「ページ番号」だけが更新されます。この場合、見出しの文字を変更していても、目次の「見出し」は更新されないことに注意してください。

③ 目次の更新が実行され、現在の文書に則した「見出し」と「ページ番号」が表示されます。

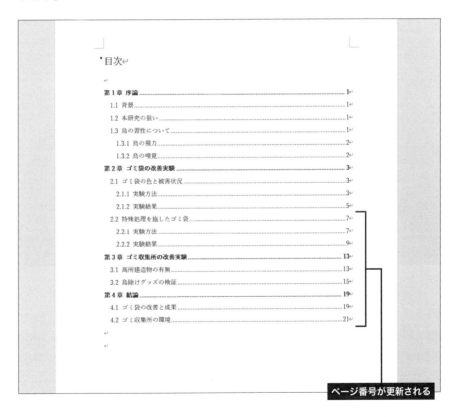

上記の例では、2.1.2項の本文（ダミー文字）を一部削除したため、それ以降のページ番号が更新されています。すでに目次を作成してある場合は、本文の加筆・修正を行った際に**目次の更新**を実行するのを忘れないようにしてください。

2.9 謝辞と参考文献

続いては、**謝辞**と**参考文献**の作成について解説します。いずれも難しい作業ではありませんが、目次に「謝辞」と「参考文献」を掲載する場合は、**アウトライン レベル**の指定が必要になることを忘れないようにしてください。

2.9.1 謝辞の作成

卒業論文では、本文の後に**謝辞**を記しておくのが基本です。指導教官や研究室の同僚、卒業研究の協力者に向けて感謝の意を示しておきましょう。書き方の決まりは特にないので、先輩の卒業論文などを参考にしながら各自の言葉で謝辞を執筆します。以下に、謝辞を作成するときの操作手順の例を紹介しておくので参考にしてください。

① 卒業論文の「**本文**」の**最後**にカーソルを移動します。

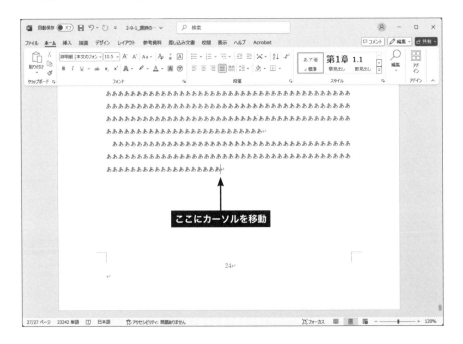

② 続いて、[レイアウト]タブを選択し、「区切り」→「改ページ」を選択します。

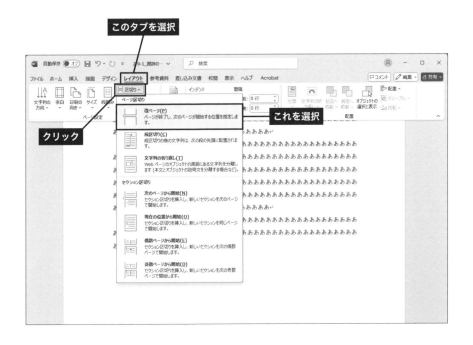

③ 文書の最後に「白紙のページ」が挿入されます。ここに謝辞の文章を入力します。

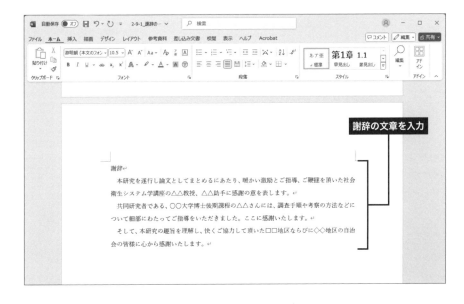

④「謝辞」の見出しに適当な書式を指定します。この見出しは文書内に何回も登場するものではないため、あらためてスタイルを作成する必要はありません。[**ホーム**]**タブにあるコマンド**を使って書式を直接指定します。

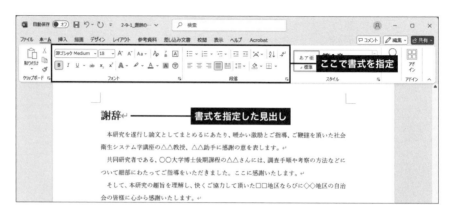

⑤ 謝辞を**目次**に掲載する場合は、「謝辞」の段落を選択した状態で「**段落**」ウィンドウを開き、**アウトライン レベル**を指定します。

2.9.2 参考文献の作成

　最後に、**参考文献**の一覧を作成します。卒業論文を作成する際に参考にした文献、卒業論文内で引用した文献などは、論文の末尾に一覧形式でまとめておくのが基本です。

　一覧の先頭には、本文の該当箇所と対応するように**文献番号**を1から順番に付けていきます。続いて、文献の著者名、書名（論文題目）、出版社名（掲載誌名）、出版年、引用ページなどの情報を記載します。これらの情報を記載する順番や記号（カンマ、コロンなど）の記述方法は厳密に定められている場合が多いため、各自が所属している大学（または学部、学科）のルールに従って記述しなければいけません。

　以下に、参考文献を作成するときの操作手順の例を紹介しておくので参考にしてください。

①「**謝辞」の最後**にカーソルを移動します。

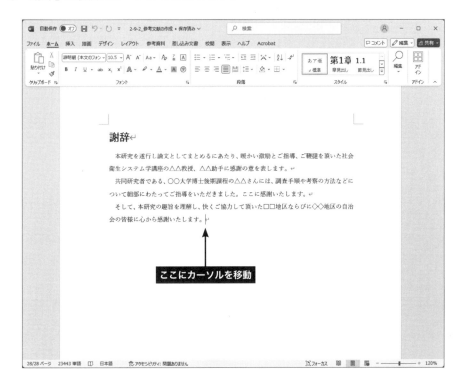

② 続いて、[レイアウト]タブを選択し、「区切り」→「改ページ」を選択します。

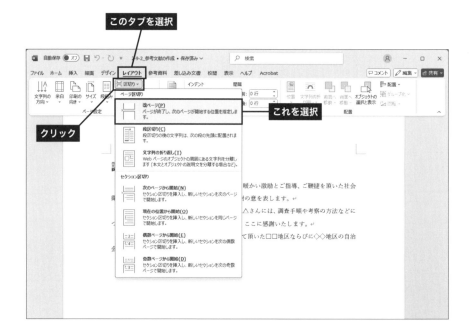

③ 文書の末尾に「白紙のページ」が挿入されるので、ここに参考文献の一覧を入力します。各自が所属している大学（または学部、学科）のルールに従って、参考文献の情報を正しく記載してください。

④「参考文献」の見出しに適当な書式を指定します。この見出しは文書内に何回も登場するものではないため、あらためてスタイルを作成する必要はありません。**[ホーム] タブにあるコマンド**を使って書式を直接指定します。

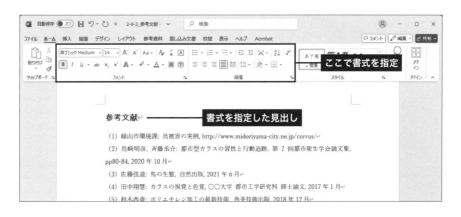

⑤ 参考文献を**目次**に掲載する場合は、「参考文献」の段落を選択した状態で**「段落」**ウィンドウを開き、**アウトライン レベル**を指定します。

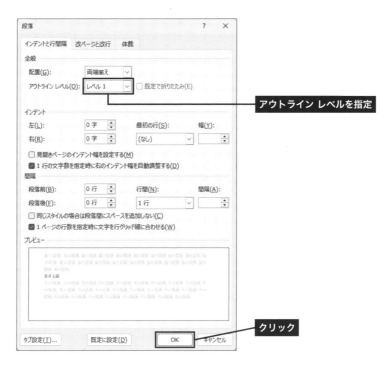

⑥ 文献の情報が2行以上になるときに、文字の先頭を揃えて配置したい場合もあるでしょう。続いて、文字の先頭を揃える方法を紹介しておきます。

⑦ それぞれの**文献番号の後**にカーソルを移動し、[**Tab**] **キー**を押してタブを挿入します。このとき、⇥をクリックしてONにしておくと、状況を把握しやすくなります。

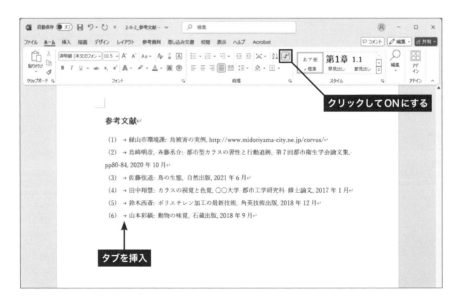

⑧ 文献情報が入力されている段落を選択し、[ホーム] タブの「段落」グループにある 🔽 をクリックします。

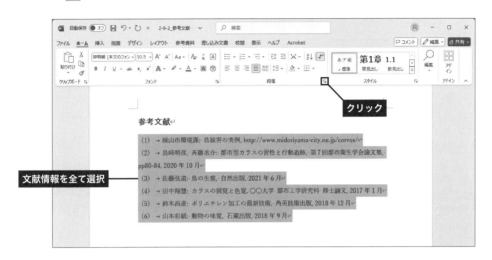

⑨「最初の行」に「ぶら下げ」を選択し、「幅」に適当な数値を指定してから [OK] ボタンをクリックします。

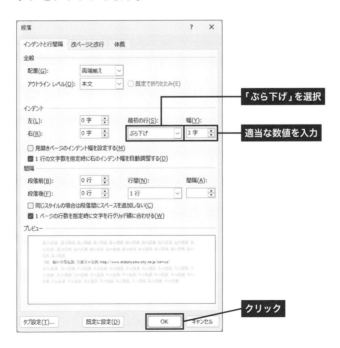

⑩ 各段落の2行目以降が「**幅**」に指定した位置から開始されるようになります。文字の先頭がきれいに揃わなかった場合は、手順⑧〜⑨の操作を繰り返して「幅」の数値を調整してください。

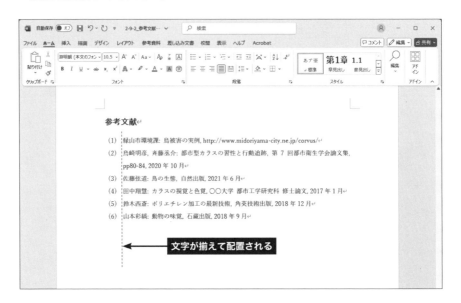

段落番号の書式が自動指定された場合
　（1）や（2）などの文字を入力したときに、**段落番号**の書式が自動設定される場合もあります。この場合も、手順⑧〜⑨の操作で「カッコ」と「先頭の文字」の間隔を調整することができます。

文献リストの作成機能
　Wordには参考文献の情報を管理できる機能も用意されています。ただし、定められたルールに従って一覧を記載するにはそれなりの手間を要するため、あまり使い勝手はよくありません。参考文献の数がそれほど多くない場合は、先に示した例のように通常の文字入力で参考文献の一覧を作成するとよいでしょう。

2.9.3 目次の更新

「謝辞」や「参考文献」を目次に掲載するときは、**目次の更新**を忘れずに実行しておく必要があります。この手順はP144〜145に示したとおりです。本書の例では目次の更新を実行したあと、以下の図のように改行を挿入しました。

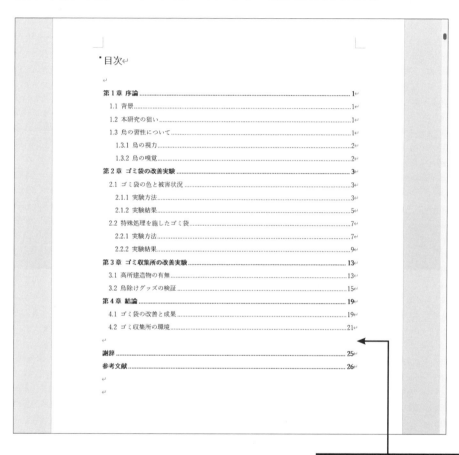

目次を更新したあと、改行を挿入

以上で、卒業論文を構成する要素をひととおり作成できました。あとは、各自の研究内容について「本文」を執筆していくと卒業論文が完成します。

第 3 章

図表と数式

3.1 画像の挿入と図表番号

3.2 表の作成と編集

3.3 グラフの作成と編集

3.4 数式の入力

第3章では、文書に**画像**や**表**、**グラフ**を配置する方法を解説します。また、理系の論文で必須となる**数式**の入力方法についても紹介します。

3.1　画像の挿入と図表番号

　まずは、卒業論文に**画像**を掲載するときの操作手順と、**図表番号**の使い方について解説します。

3.1.1　画像の挿入とサイズ調整

　デジタルカメラやスマートフォンで撮影した写真のように、**画像ファイル**として保存されているデータを論文に掲載したい場合もあると思います。この場合は、以下のように操作して文書に画像を挿入します。

① 画像を挿入する位置にカーソルを移動します。続いて、[**挿入**]タブを選択し、「**画像**」→「**このデバイス**」を選択します。

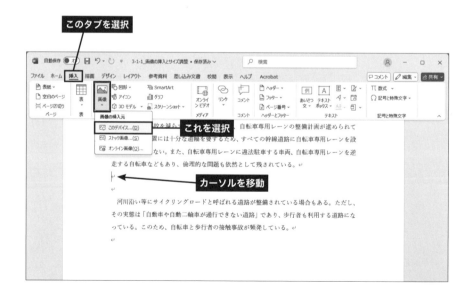

158

② **画像ファイル**を選択し、[**挿入**]ボタンをクリックします。

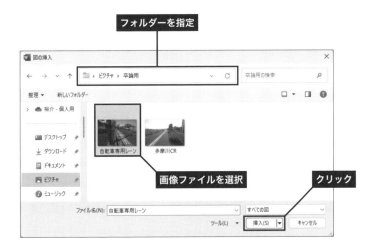

③ 文書に画像が挿入されるので、画像の**右下にある**ハンドルをドラッグして画像のサイズを調整します。

④ 画像のサイズが調整されます。

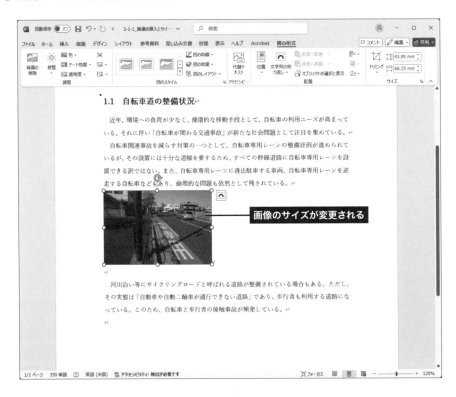

上下左右のハンドル

　画像の**上下左右にあるハンドル**をドラッグして画像のサイズを変更すると、画像の縦横比が変更されてしまうことに注意してください。画像のサイズを調整するときは、画像の**四隅にあるハンドル**をドラッグするのが基本です。

画像のサイズを数値で指定

画像のサイズを数値で指定する方法も用意されています。この場合は、[図の形式]タブで「**高さ**」または「**幅**」の数値を指定します。一方の数値を変更すると、画像の縦横比を保つように、もう一方の数値も自動的に変更されます。

カラー画像のグレースケール化

卒業論文でカラー画像の使用が認められていない場合は、画像をグレースケールに変換しておく必要があります。Wordに用意されている機能を使って画像をグレースケールに変換するときは、以下のように操作します。

① 画像をクリックして選択します。
② [**図の形式**] タブにある「**色**」をクリックします。
③ 一覧から「**グレースケール**」を選択します。

3.1.2 画像の配置

　卒業論文では、画像を用紙の左右中央に配置するのが一般的です。文書に挿入された画像を左右中央に配置するときは、［**ホーム**］**タブ**にある （**中央揃え**）を利用します。

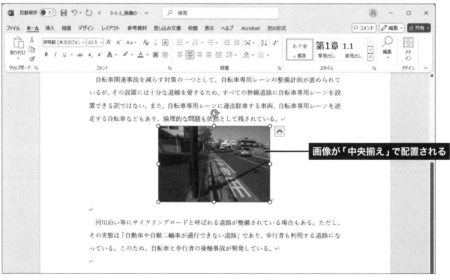

レイアウト オプション

　文書に挿入した画像は、「**行内**」のレイアウトで配置されるように初期設定されています。この場合、画像は「巨大な1つの文字」として扱われます。画像を本文から切り離して配置したいときは、■(**レイアウト オプション**) をクリックし、「行内」以外のレイアウトを選択します。卒業論文では「行内」以外のレイアウトを指定する機会は滅多にありませんが、念のため覚えておいてください。

3.1.3 図表番号の挿入

　論文に画像を掲載するときは、そのすぐ下に**図表番号**と**図の説明**を記しておくのが基本です。図表番号を挿入するときは、以下のように操作します。

① 画像を**右クリック**し、「**図表番号の挿入**」を選択します。

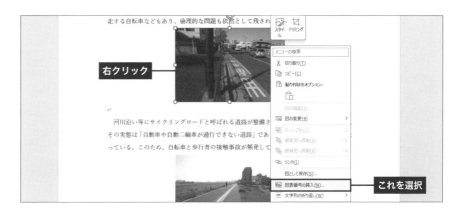

② 図表番号の設定画面が表示されるので、「ラベル」に「図」が選択されていることを確認します。

③ 「図1」（図表番号）に続けて**図の説明**を入力します。なお、図表番号の後に間隔を設けたい場合は、全角スペースなどを入力してから図の説明を入力します。

「図」以外のラベルを指定する場合

　ラベルに「図」以外の文字を指定することも可能です。この場合は、[**ラベル名**] ボタンをクリックし、ラベルとして使用する文字を自分で入力します。

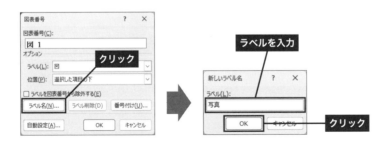

④ [OK] ボタンをクリックすると、画像のすぐ下の行に**図表番号**と**図の説明**が挿入されます。

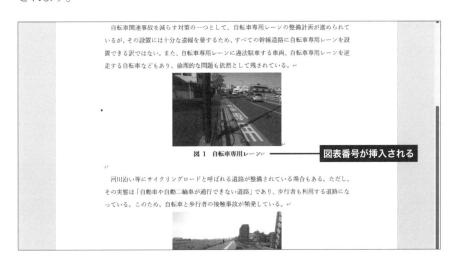

同様の手順で、2枚目以降の画像にも図表番号を挿入していきます。図表番号は、文書の先頭から順番に「図1、図2、図3、……」という番号が自動的に付けられていく仕組みになっています。

章番号を含む図表番号

図1.1や図1-1のように、章番号を含めた形で図表番号を挿入することも可能です。この場合は、図表番号の設定画面で［番号付け］ボタンをクリックし、「**章番号を含める**」をチェックします。

ただし、Wordに初めから用意されている「**見出し1**」の**スタイル**を章見出し用のスタイルとして利用しなければいけません。「章見出し」のスタイルを自作するのではなく、「見出し1」のスタイルの書式を変更して利用することになります。

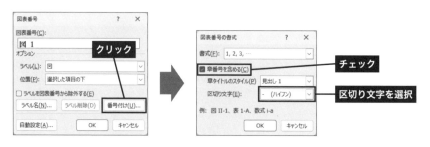

3.1.4 図表番号の書式設定

文書に図表番号を挿入すると、「**スタイル**」ウィンドウに「**図表番号**」の**スタイル**が追加されます。図表番号の書式は、このスタイルで管理します。

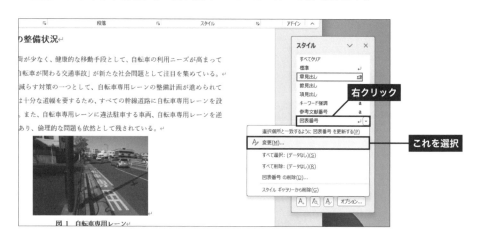

図表番号の書式を変更するときは、このスタイルを**右クリック**して「**変更**」を選択し、「**スタイルの変更**」で書式を指定します。

本書では、文字サイズを10ポイントに変更し、行揃えに「中央揃え」を指定しました。画像を「中央揃え」で配置している場合は、その書式が図表番号にも引き継がれますが、念のため「図表番号」のスタイルにも「中央揃え」を指定しておくとよいでしょう。

3.1.5 相互参照の挿入

本文に「図1」などの文字を入力するときは、**相互参照**を利用すると便利です。この場合、何らかの事情により図表番号が変更されても、それに合わせて本文内の番号（相互参照）を更新できるようになります。本文に相互参照を挿入するときは、次ページのように操作します。

① **相互参照**を挿入する位置にカーソルを移動し、[**参考資料**] タブにある「**相互参照**」をクリックします。

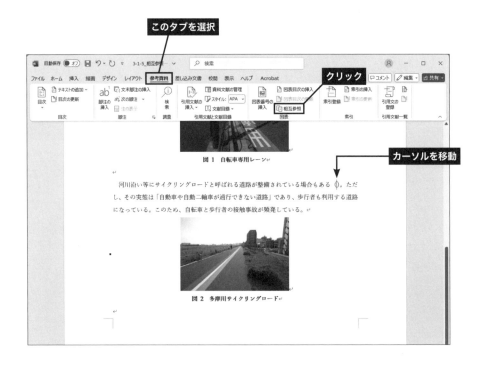

② 相互参照の設定画面が表示されるので、「**参照する項目**」に「**図**」を選択します。

③ 図表番号の一覧が表示されるので、この中から参照する**図表番号を選択**します。続いて、表示方法を指定します。「図X」の文字だけを表示させるときは、「**番号とラベルのみ**」を選択してから [**挿入**] ボタンをクリックします。

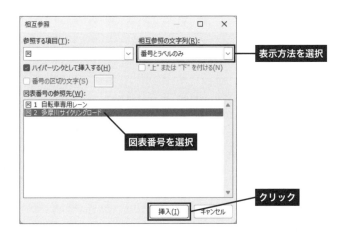

④ カーソルがあった位置に**相互参照**が挿入されます。

3.1.6 図表番号と相互参照の更新

　画像を掲載する順番を入れ替えたり、文書の途中にある画像を削除したりしても、**図表番号は自動更新されません**。たとえば、以下の図のように操作して図1を削除しても、図2以降の図表番号はそのまま維持されます。

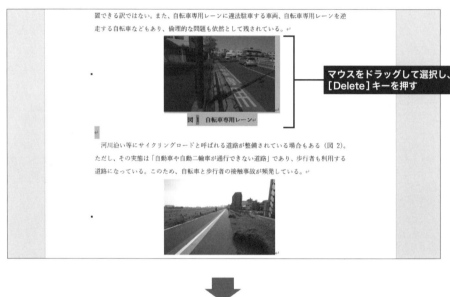

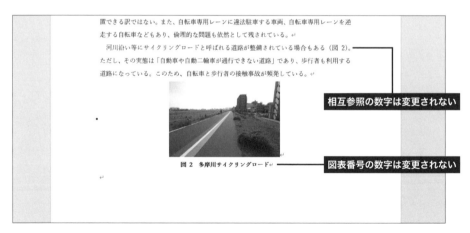

　このような場合は、次ページに示した手順で**フィールド更新**を実行し、図表番号を1から順番に振りなおす必要があります。

① [**Ctrl**]＋[**A**]キーを押して文書内の文字をすべて選択します。続いて、**右クリックメニュー**から「**フィールド更新**」を選択します。

② **図表番号**と**相互参照**の数字が更新され、番号が1から順番に振りなおされます。

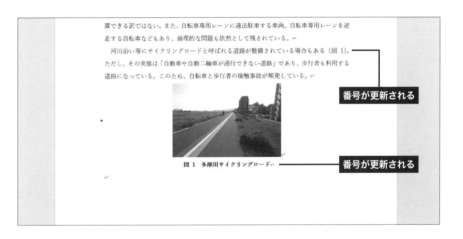

目次の更新

　すでに目次を作成してある場合は、目次の更新も同時に行われます。P144の手順②の画面が表示された場合は、目次の更新内容を指定してから[OK]ボタンをクリックすると、図表番号と相互参照の数字を更新できます。

3.2 表の作成と編集

続いては、表の作成について解説していきます。Wordには表の作成ツールが用意されているため、簡単に表を作成することができます。

3.2.1 表の作成

文章だけで卒業論文の内容を説明するのではなく、必要な項目を一覧形式にまとめた表を作成したほうが物事を端的に説明できる場合もあります。状況に応じて表を活用していくとよいでしょう。文書に表を作成するときは、以下のように操作します。

① 表を作成する位置にカーソルを移動します。続いて、[挿入] タブにある「表」をクリックし、作成する表の行数と列数を指定します。

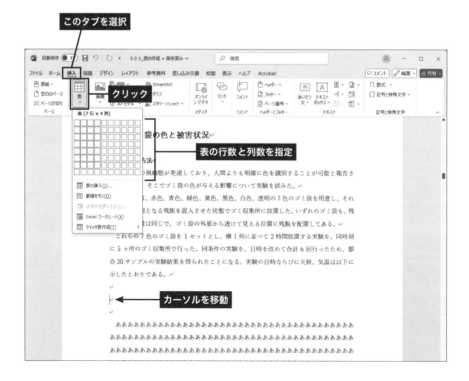

② 指定した行数×列数の表が文書に挿入されます。

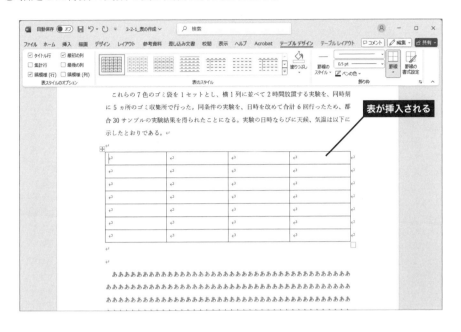

③ 各セル（マス目）をクリックして表内に**文字を入力**していきます。

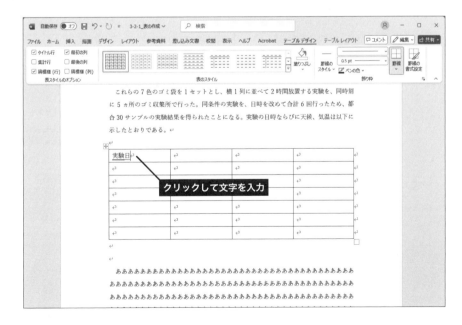

④ 必要なだけ文字を入力していくと、表の基本形が完成します。

行/列の挿入と削除

表を作成した後に行/列の不足に気付いたときは、[**テーブル レイアウト**] タブにあるコマンドを使って行/列の挿入を行います。これとは逆に、作成した表から行/列を削除することも可能です。この場合は「**削除**」をクリックし、「**行の削除**」または「**列の削除**」を選択します。いずれの操作も、現在、カーソルがある位置を基準に行/列の挿入、削除が行われます。

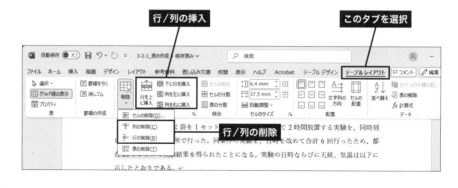

3.2.2 表内の文字の書式

　表内に文字を入力できたら、それぞれの文字に**書式**を指定します。この操作手順は、通常の文字に書式を指定する場合と同じです。表内の文字を選択し、［**ホーム**］**タブにあるコマンド**を使って書式を指定します。

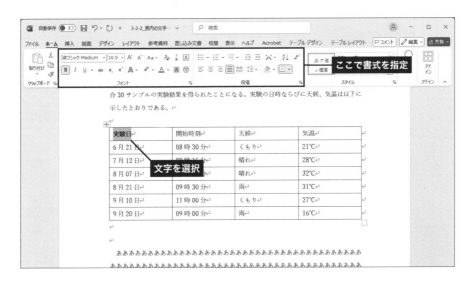

　そのほか、セル単位で書式を指定することも可能となっています。この場合は、マウスをドラッグして**セルを選択した状態**で書式指定を行います。

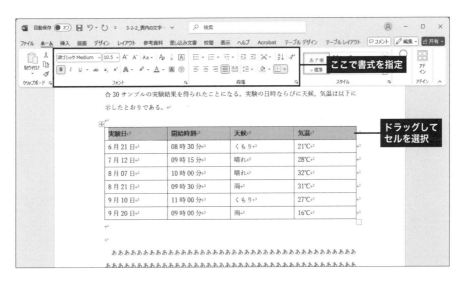

セル内に入力した文字の配置は［**テーブル レイアウト**］**タブ**で指定します。表内の文字や数値を「中央揃え」や「右揃え」で配置するときは、以下のコマンドをクリックして配置方法を指定します。

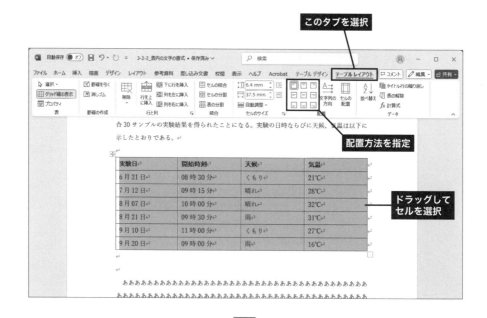

3.2.3 罫線の書式指定

続いて、表の**罫線**の書式を指定します。大学（または学部、学科）によっては、表の罫線の書式が細かく定められている場合もあります。それぞれのルールに従って罫線の書式を指定してください。

罫線の書式を変更するときは、最初に［**テーブル デザイン**］**タブ**で罫線の**種類**、**太さ**、**色**を指定します。すると、「**罫線の書式設定**」が自動的にONになります。

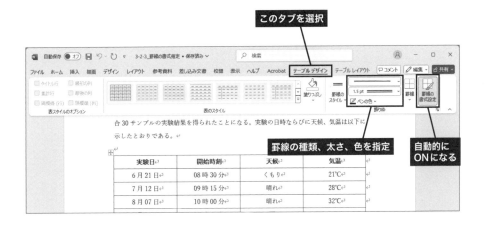

マウスポインタが ✎ に変化していることを確認してから、表の罫線をなぞるようにドラッグすると、その罫線を先ほど指定した書式に変更できます。

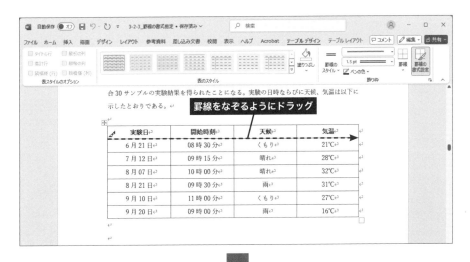

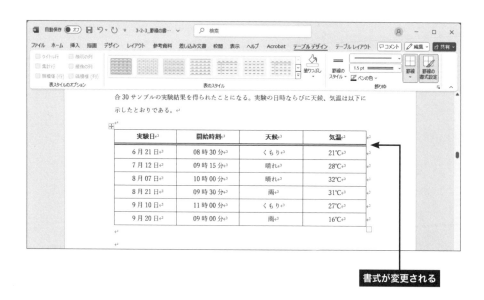

罫線の書式変更を終えるときは、「**罫線の書式設定**」をクリックして**OFF**にするのを忘れないようにしてください。マウスポインタが ✐ のときは「罫線の描画モード」になっているため、通常の編集作業は行えません。マウスポインタが ▧ または I に戻っていることを必ず確認するようにしてください。

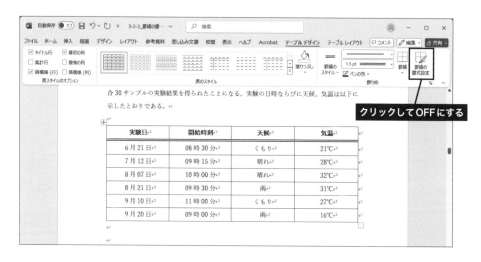

卒業論文では、飾りの少ないシンプルな表を作成するのが一般的です。このため、罫線を削除するケースの方が多いかもしれません。この場合は、罫線の種類に**「罫線なし」**を選択し、削除する罫線をなぞるようにマウスでドラッグします。

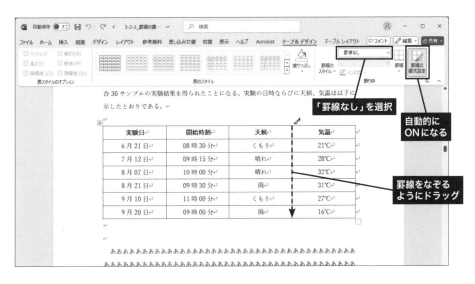

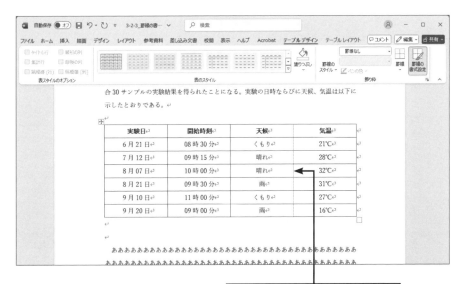

3.2.4 表の配置

　文字や罫線の書式を指定できたら**表のサイズ**と**位置**を変更します。表全体のサイズを拡大／縮小するときは、**表の右下に表示されるハンドル**をドラッグします。

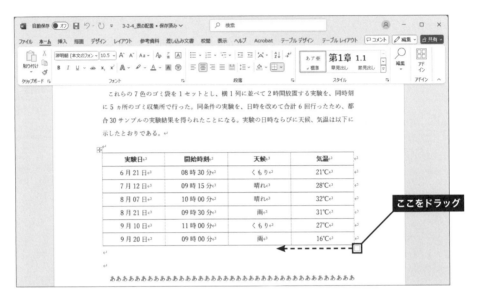

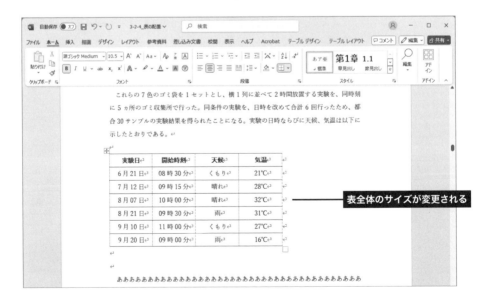

各列の幅を変更するときは、**セルを区切る罫線**を左右にドラッグします。罫線を削除している場合は、点線で表示された縦線を左右にドラッグします。

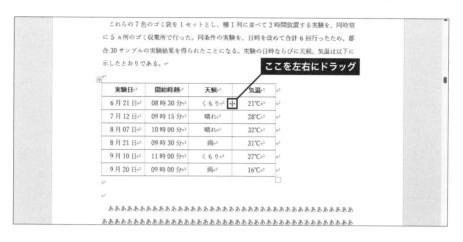

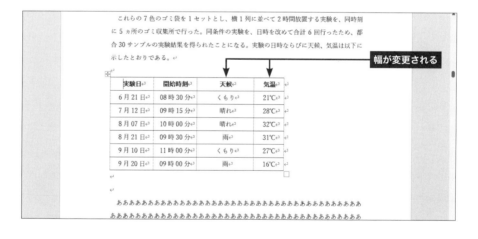

高さの変更

同様の手順で「表全体の高さ」や「行の高さ」を変更することも可能です。ただし、高さを初期状態より小さくすることはできません。高さを小さくするときは、「**段落**」**ウィンドウ**を使って**行間**の設定を小さくする必要があります（P36〜41参照）。

181

幅、高さを揃える

各列の幅を同じサイズに揃えたいときは、その範囲をドラッグして選択し、[テーブル レイアウト] タブにある 田 (**幅を揃える**) をクリックします。すると、選択していた列の幅を等分割にすることができます。同様に、田 (**高さを揃える**) で行の高さを揃えることも可能です。

卒業論文では、用紙の左右中央に表を配置するのが一般的です。この指定を行うときは、表の左上に表示される 田 をクリックして表全体を選択し、[ホーム] タブにある 三 をクリックして「**中央揃え**」を指定します。

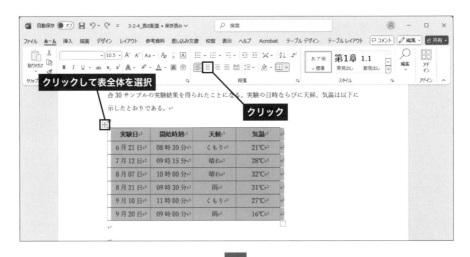

182

3.2.5 図表番号の挿入

続いては、表に**図表番号**を付けるときの操作手順を解説します。画像に図表番号を付けるときの操作とよく似ているので、本書のP163～166も参考にしてください。作成した表に図表番号を挿入するときは、以下のように操作します。

① ⊞ をクリックして表全体を選択します。続いて、表内を**右クリック**し、「**図表番号の挿入**」を選択します。

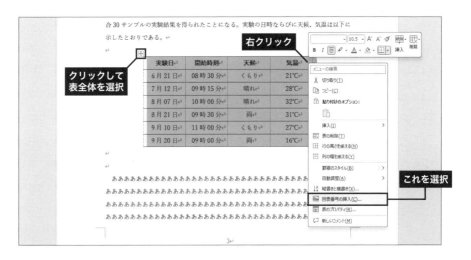

② 図表番号の設定画面が表示されるので、「**ラベル**」に「**表**」を選択します。

※ラベルの一覧に「表」が見つからない場合は、[ラベル名]ボタンをクリックし、「表」と自分で入力します。

③「表1」(図表番号)に続けて**表の説明**を入力します。表の場合は、図表番号を上に配置するのが一般的なので、**「選択した項目の上」**が指定されているのを確認してから[**OK**]**ボタン**をクリックします。

④ 表のすぐ上の行に**図表番号**と**表の説明**が挿入されます。

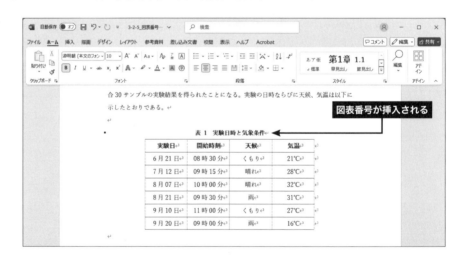

　「表」と「図」の図表番号はそれぞれ独立しているため、画像の枚数に関係なく、図表番号は「表1」から開始されます。ただし、**「図表番号」のスタイル**は共通です。上記の例では「図表番号」のスタイルに「中央揃え」が指定されているため、特に書式指定を行わなくても図表番号が左右中央に配置されます。両端揃え(左揃え)で図表番号が配置された場合は、「図表番号」のスタイルを「中央揃え」に変更しておいてください(P166～167参照)。

3.2.6 相互参照の挿入

画像の場合と同様に、**相互参照**を使って「表1」などの文字を本文に記載することも可能です。基本的な操作手順は「図」の相互参照と同じですが、念のため、操作例を示しておきます。

① **相互参照**を挿入する位置にカーソルを移動し、[**参考資料**]**タブ**にある「**相互参照**」をクリックします。

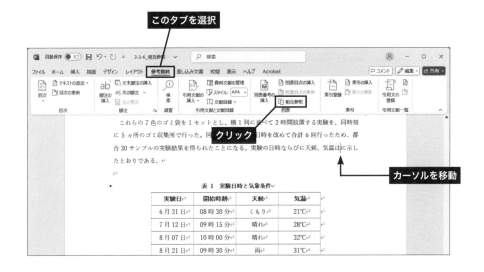

② 相互参照の設定画面が表示されるので、「**参照する項目**」に「**表**」を選択します。

③ 図表番号の一覧が表示されるので、この中から参照する**図表番号を選択**します。続いて、図表番号の表示方法を指定します。「表1」などの文字だけを本文に表示するときは、「**番号とラベルのみ**」を選択してから［**挿入**］ボタンをクリックします。

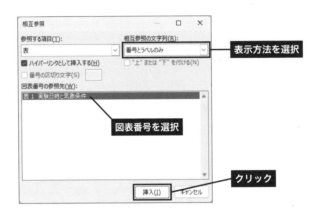

④ カーソルがあった位置に**相互参照が挿入**されます。

この場合は「図表番号」と「相互参照」がリンクされるため、表の増減に合わせて「表X」の数字を修正できるようになります。ただし、**図表番号の更新（フィールド更新）**は手動で行う必要があります。これについてはP170〜171に示した手順を参考にしてください。

3.3 グラフの作成と編集

続いては、文書に**グラフ**を掲載する方法を解説します。数値データの推移などをわかりやすく示したい場合に活用してください。

3.3.1 グラフの作成

卒業論文に掲載するグラフをExcelで作成してある場合は、**コピー**と**貼り付け**を利用して文書にグラフを貼り付けることも可能です。まずはExcelを起動し、作成したグラフ内の余白をクリックしてグラフ全体を選択します。その後、[**Ctrl**]+[**C**]キーを押してグラフをクリップボードにコピーします。

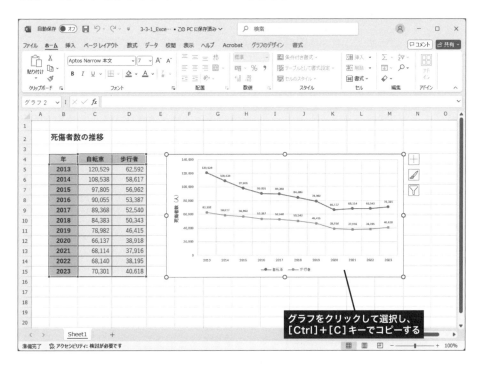

続いて、卒業論文の文書ファイルをWordで開き、グラフを貼り付けたい位置にカーソルを移動します。この状態で[**Ctrl**]+[**V**]キーを押すと、先ほどコピーしたグラフを文書に貼り付けることができます。

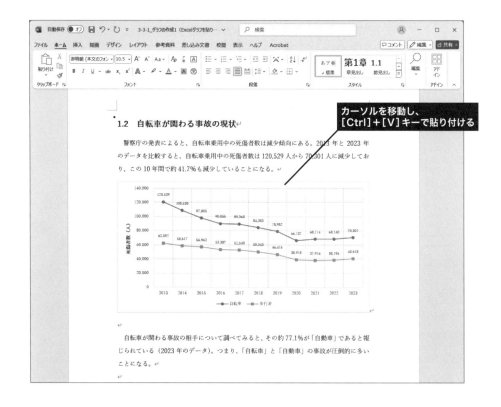

文書に貼り付けたグラフのサイズを変更するときは、四隅にある**ハンドル**をマウスでドラッグします。

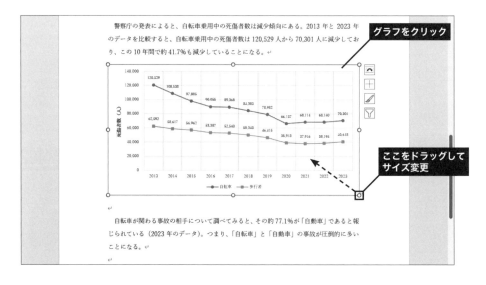

まだグラフを作成していない場合は、Wordに用意されている機能を使ってグラフを作成することも可能です。この場合は以下のように操作します。

① グラフを作成する位置にカーソルを移動し、[**挿入**]**タブ**にある「**グラフ**」をクリックします。

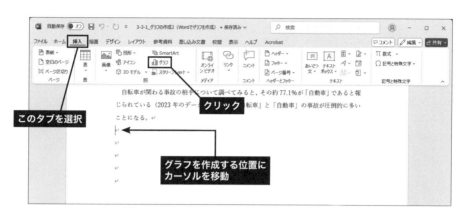

② 以下の図のような画面が表示されるので、グラフの**種類**と**形式**を指定し、[**OK**]**ボタン**をクリックします。

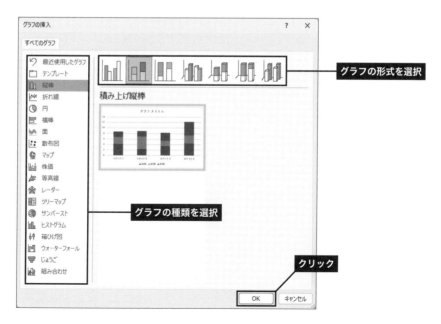

③ グラフの基となるデータを入力する画面が表示されるので、各セルに「ラベルの文字」や「数値データ」を入力していきます。データをすべて入力できたら☒をクリックしてウィンドウを閉じます。

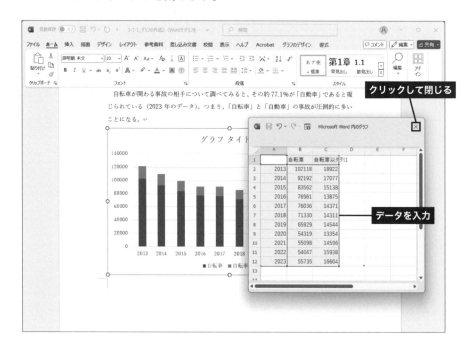

系列数、カテゴリ数の変更
　最初は、3系列×4カテゴリが「グラフ化される範囲」として設定されています。系列やカテゴリの数を変更するときは、この範囲の右下にある⬚をドラッグします。

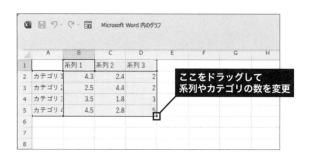

④ 文書にグラフが挿入されるので、四隅にある**ハンドル**をドラッグしてグラフのサイズを調整します。

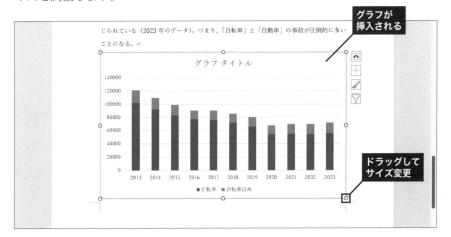

3.3.2 グラフの配置

卒業論文では、グラフを用紙の左右中央に配置するのが一般的です。この指定方法は、画像や表を左右中央に配置する場合と同じです。**グラフ内の余白をクリック**してグラフ全体を選択し、[**ホーム**]**タブ**にある（**中央揃え**）をクリックすると、グラフを用紙の左右中央に配置できます。

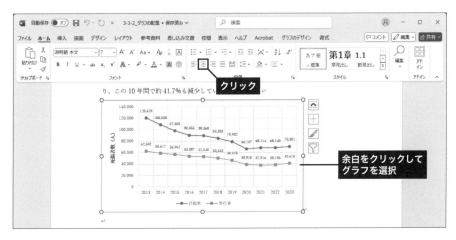

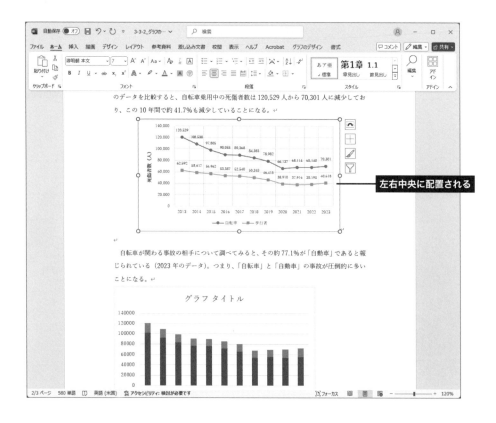

3.3.3 グラフの編集

　文書に掲載したグラフを編集することも可能です。この操作手順は、Excelでグラフを編集する場合と基本的に同じです。詳しくはExcelの解説書などを参考にしてください。ここでは、卒業論文でよく使用するグラフ編集について簡単に紹介しておきます。

　卒業論文では、グラフのタイトルを**図表番号**で示すのが一般的です。よって、グラフ タイトルは削除しても構いません。□（**グラフ要素**）をクリックし、「**グラフタイトル**」のチェックを外しておくとよいでしょう。そのほか、凡例の削除、軸ラベルの表示なども□で指定できます。

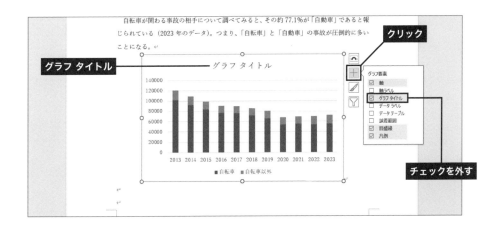

　 の各項目にはサブメニューも用意されています。縦軸または横軸だけに軸ラベルを表示したり、凡例の位置を変更したりするときは、各項目の右側に表示される　 をクリックして設定を変更します。

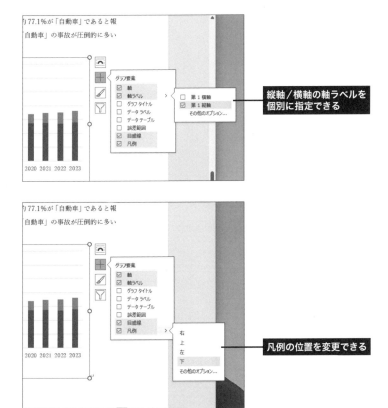

縦軸に表示する数値の範囲を変更するときは、「**軸の書式設定**」で最小値、最大値、目盛の間隔（単位）を指定します。

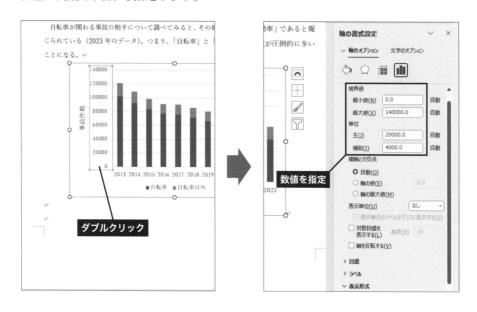

卒業論文をモノクロで作成しなければならない場合は、グラフをグレースケールに変換しておく必要があります。この操作は、[**グラフのデザイン**]タブにある「**色の変更**」を利用すると手軽に色を指定できます。ここで「モノクロ パレット 7」を選択すると、グラフをグレースケールに変換できます。

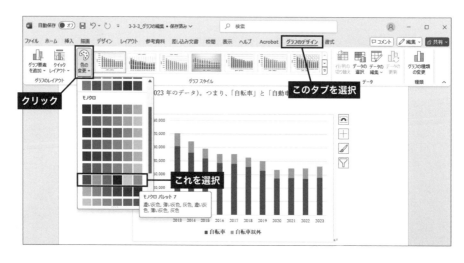

各系列の色を個別に指定することも可能です。この場合は、その系列を右クリックし、「**塗りつぶし**」や「**枠線**」で色を指定します。グラフ内をパターンで塗りつぶすときは、「**データ系列の書式設定**」を選択し、パターンの種類と色を指定します。

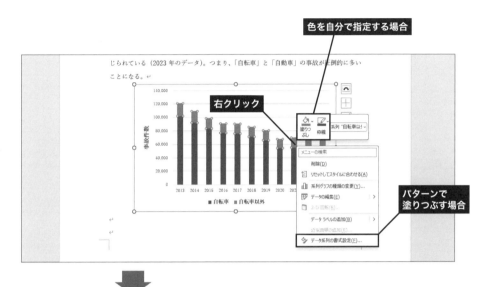

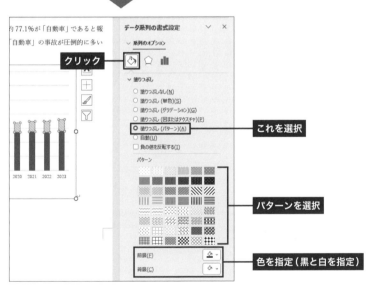

　なお、グラフ内にある軸や軸ラベルの**文字の書式**を変更するときは、各要素をクリックして選択し、[**ホーム**]**タブ**で文字の書式を指定します。

3.3.4 図表番号の挿入

最後に、グラフに**図表番号**を挿入する手順を解説しておきます。**グラフ タイトル**を削除した場合は、グラフが示す内容を図表番号で記載しておく必要があります。

① **グラフ内の余白**を**右クリック**し、「**図表番号の挿入**」を選択します。

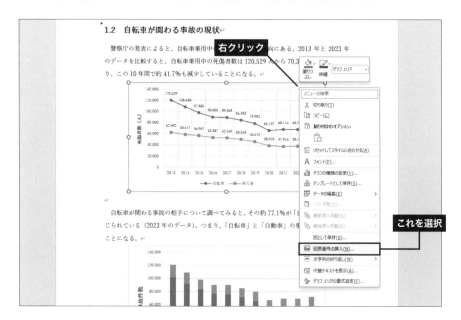

②「**ラベル**」に「**図**」を選択し、**グラフの説明**を入力してから[OK]ボタンをクリックします。

③ グラフのすぐ下に**図表番号**と**グラフの説明**が挿入されます。

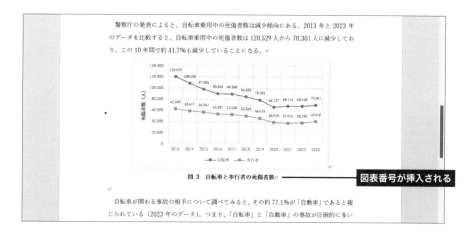

「ラベル」に「図」を指定した場合は、画像とグラフが共通の図表番号で管理されます。たとえば、グラフより前に2枚の画像（図1、図2）があった場合は、グラフの図表番号は「図3」になります。**「図表番号」**のスタイルは画像や表と共通です。

もちろん、**相互参照**を利用したり、**図表番号の更新**（フィールド更新）を行ったりすることも可能です。これについては本書のP167〜171を参考にしてください。

 出典の記述について

　書籍やWebなどに公開されているグラフやデータを利用するときは、その制作者に転載の許可を得ておくのが基本です。なお、官公庁が発表している資料、白書などのデータは許可なく利用できるのが一般的ですが、この場合も必ず出典を明記しておく必要があります。転載の可否を自分で判断できない場合は、指導教官などに相談してみてください。

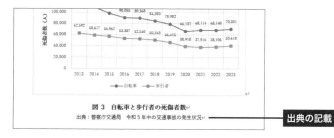

3.4 数式の入力

続いては、Wordに用意されているツールを使って文書に**数式**を入力する方法を解説します。

3.4.1 数式の入力

文書に数式を入力するときは、Wordに用意されている**数式ツール**を利用します。まずは、数式の入力を開始する手順を解説します。

① 数式を入力する位置にカーソルを移動し、[挿入]タブにある「**数式**」のアイコンをクリックします。

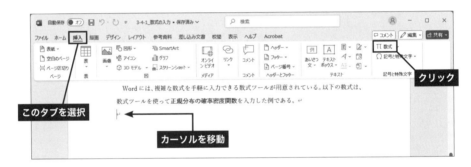

② [**数式**]タブが表示されるので、「Unicode」が選択されていることを確認します。また、「**テキスト**」がOFFになっていることを確認します。

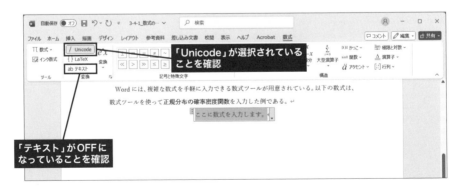

③［半角／全角］キーなどを押して**半角入力モード**に切り替えます。その後、キーボードを使って文字や数字を入力していきます。

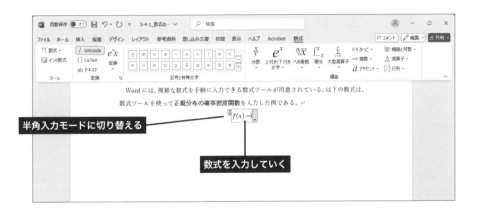

「テキスト」コマンドの役割

手順②で紹介した「**テキスト**」コマンドは、入力する文字の書体（標準／斜体）を切り替える役割を担っています。クリックしてONにすると、それ以降の文字が「**標準**」の書体で入力されます。

最初は「**テキスト**」コマンドがOFFに設定されているため、特に操作しなくても「**斜体**」の文字で数式を入力できます。アルファベットなどを「斜体」にしたくない場合は、このコマンドをONにしてください。

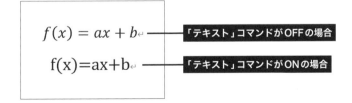

数式内のアルファベットや数字は、通常の文字と同様にキーボードを使って入力します。数式ならではの記号は、[**数式**]**タブ**に用意されているコマンドを利用して入力します。以降に、各コマンドの概略を紹介しておくので参考にしてください。

■**分数の入力**
　分数を入力するときは「**分数**」をクリックし、一覧から**分数の種類**を選択します。

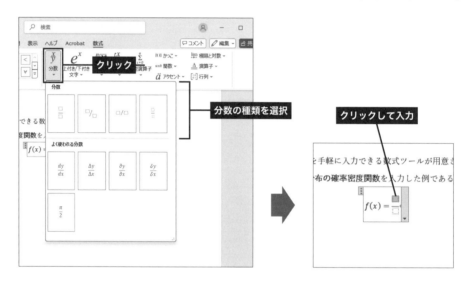

■**べき乗根の入力**
　$\sqrt{\ }$の記号を入力するときは「**べき乗根**」をクリックし、一覧から$\sqrt{\ }$の**種類**を選択します。

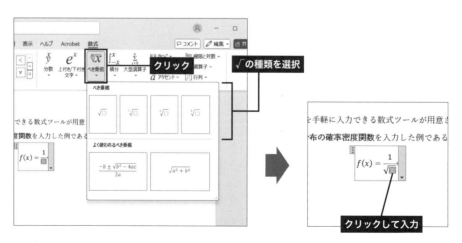

第3章 図表と数式
3.4 数式の入力

■積分、大型演算子などの入力

　これまでの解説と同様の手順で、∫（積分）やΣ（総和）、lim（極限）、行列などの記号を入力することも可能です。記号を選択したあとは、**点線の四角形**をクリックして各位置に文字や数字を入力していきます。

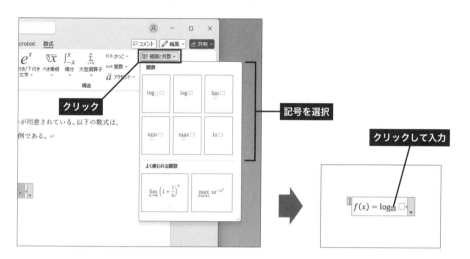

図3-1　積分

図3-2　大型演算子

図3-3 関数　　　　　　　　　　図3-4 行列

■ギリシャ文字などの入力

　ギリシャ文字や数学でよく使う特殊文字は、「**記号と特殊文字**」を使って入力します。▽をクリックして一覧から記号を選択すると、その記号をカーソル位置に入力できます。

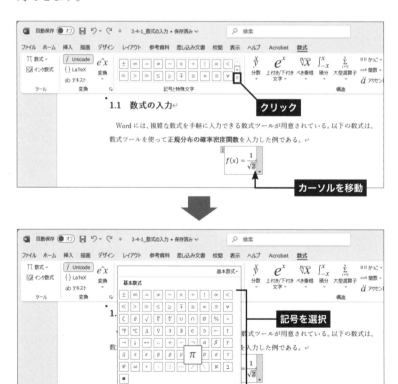

目的の記号が一覧に表示されていなかった場合は、「**基本数式▼**」をクリックすると、一覧表示する記号のカテゴリを切り替えることができます。

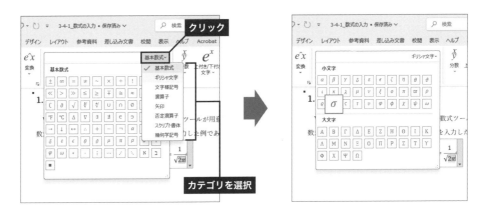

■カッコの入力

カッコの記号も[デザイン]タブを使って入力するのが基本です。この場合、内容に応じてカッコのサイズが自動調整されるようになります。

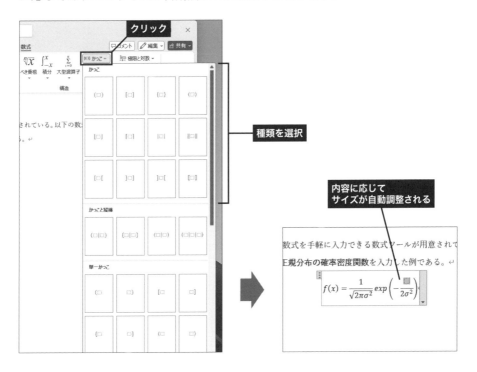

■ 上付き文字やアクセントなどの入力

　上付き文字や下付き文字を入力するときは、文字を選択した状態でコマンドをクリックし、添字の位置を選択します。

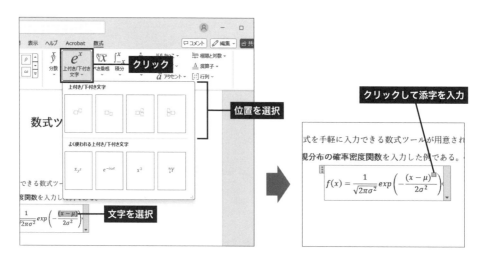

　同様にアクセントを付けるときも、文字を選択してからアクセントの種類を選択します。

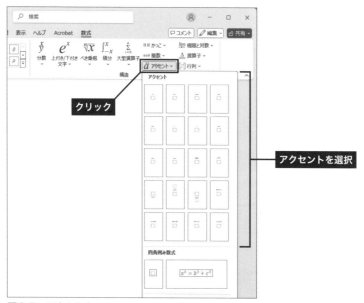

図3-5　アクセント

数式入力中のカーソル移動

文字を入力する位置をマウスで指定するのが難しい場合は、キーボードの[→]キーや[←]キーを使ってカーソルを移動させると便利です。分数や添字を入力した後に「通常サイズの文字」を入力する場合などに活用してください。

数式の改行

数式を途中で改行することも可能です。この場合は[Shift]+[Enter]キーを押して改行します。続いて、複数行に分割した数式をすべて選択し、右クリックメニューから「**等号揃え**」を選択すると、「＝」の位置に揃えて数式を配置できます。

数式の入力が済んだら、右端にある▫をクリックして数式の配置を指定します。以上で、数式の入力は完了です。

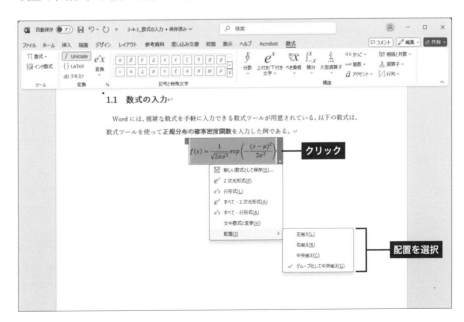

3.4.2 LaTexコマンドを使った数式入力

　WordはLaTexコマンドを使った数式入力にも対応しています。LaTexに慣れている方は、この方法で数式を入力するとよいでしょう。LaTexコマンドを使って数式を入力するときは「Latex」をクリックして選択します。

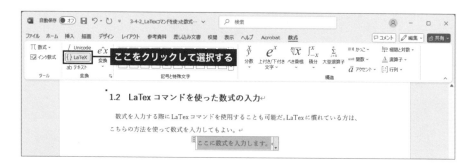

　続いて、LaTexコマンドを使って数式を入力していきます。たとえば、

- ・下付き文字の入力 ……………… 親文字_添字
- ・分数の入力 ……………………… ￥frac{分子}{分母}
- ・積分の入力 ……………………… ￥int_{a}^{b}f(x)dx

といった具合に数式を記述していきます。

「￥」と「\」について

　半角文字で「￥」の記号を入力すると、画面に「\」（バックスラッシュ）が表示される場合もあります。これは「￥」と「\」が同じ文字コードで管理されていることが原因です。「￥」の記号が「\」と表示された場合も、LaTexコマンドは正しく入力されています。気にせずに、そのまま作業を続けてください。

206

その後、右端にある.をクリックして「**2次元形式**」を選択すると、「LaTexコマンド」→「数式」の表示切替を実行できます。

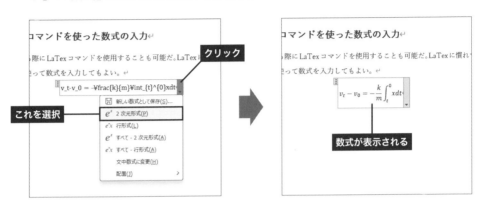

元の「LaTexコマンド」に表示を戻すときは、.から「**行形式**」を選択します。入力した数式を修正するときは、この表示にしてからLaTexコマンドを入力しなおします。

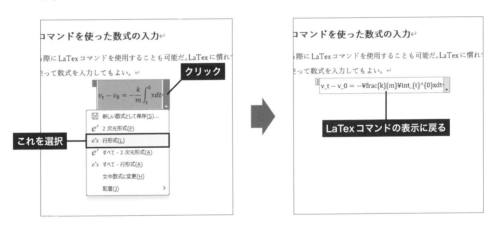

もちろん、この方法を使って数式を入力するには「LaTexコマンド」の記述方法を学んでおく必要があります。これについては、LaTexについて解説した書籍などを参考にしてください。

LaTexに慣れていない方は、P198～205で解説した方法で数式を入力したほうが直感的に数式を入力できると思います。この場合は、「**Unicode**」を選択した状態で数式の入力を開始します。

3.4.3 文中数式の入力

　何も入力されていない段落に数式を挿入すると、その数式は**独立数式**として扱われます。この場合は「数式だけで段落が構成される」と解釈されるため、数式を本文中に移動することはできません。

　数式を本文中に移動するには、以下の手順で数式を**文中数式**に変更しておく必要があります。

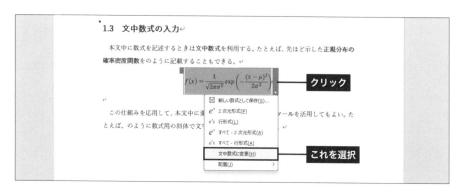

　続いて、数式の左上にある■を移動先へ**ドラッグ＆ドロップ**すると、本文中に数式を移動できます。

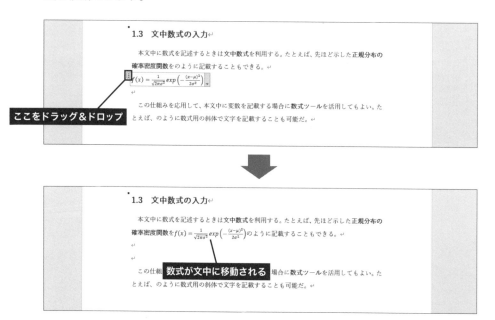

なお、段落の途中にカーソルを置いて数式を挿入した場合は、自動的に**文中数式**に変更されるため、前ページの操作は必要ありません。本文中に**変数**を入力する場合などに活用してください。

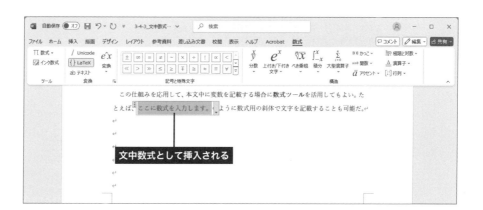

 文中数式への自動変更

独立数式の前後に文字を入力すると、その数式は自動的に文中数式に変更されます。このような仕組みがあることも、念のため覚えておくとよいでしょう。

文中数式を利用するときは、カーソルの位置に注意しなければいけません。以下の図のように「数式を囲む枠線」が表示されている場合は、カーソルは**数式の領域内**にあります。

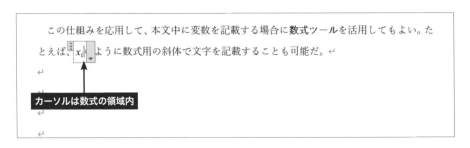

　この状態は数式の編集モードになります。通常の文字編集を行うときは、キーボードの［→］キーを押してカーソルを数式の領域外へ移動させる必要があります。「数式を囲む枠線」が表示されなくなれば、通常の文字編集モードになります。

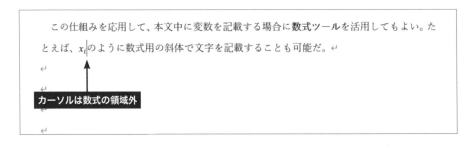

　両者の違いを区別しないまま作業を続けると、思わぬトラブルを招く恐れがあります。数式の前後に文字を入力する際は、カーソルの位置をよく確認するようにしてください。

3.4.4　数式番号の挿入

　卒業論文では、数式の右端に**数式番号**を記述するように定められている場合があります。この場合も**図表番号**を利用するのが基本ですが、普通に図表番号を挿入すると、数式が**文中数式**に変更されてしまうことに注意しなければなりません。そこで、**表**を利用して各セルに「数式」と「図表番号」を配置します。

① ![]をONにして**編集記号**を表示します。続いて、数式の後ろ（**数式の領域外**）にカーソルを移動し、[**Tab**]**キー**を押してタブ文字を入力します。

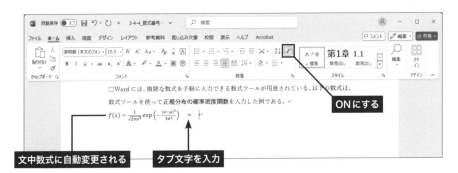

② この状態のまま[**参考資料**]**タブ**にある「**図表番号の挿入**」をクリックします。

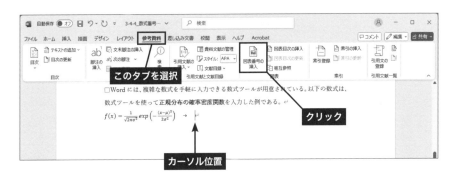

③ 図表番号の設定画面が表示されるので、[**ラベル名**]**ボタン**をクリックしてラベルに「**数式**」を指定します。

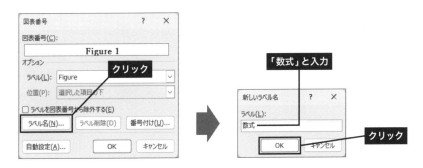

④ 今回の例では「数式」のラベルを表示しない（番号だけを表示する）ので、「ラベルを図表番号から除外する」をチェックし、[OK] ボタンをクリックします。

⑤ **図表番号**（番号のみ）が挿入されます。続いて、マウスをドラッグして行全体を選択します。

⑥ [**挿入**] タブにある「**表**」をクリックし、「**文字列を表にする**」を選択します。

⑦ **列数**に「**2**」を指定し、**文字列の区切り**に「**タブ**」を選択してから［**OK**］ボタンをクリックします。

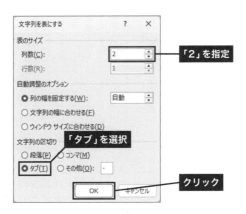

⑧「数式」と「図表番号」を配置した表が作成され、数式が**独立数式**に戻ります。図表番号（数式番号）を**カッコ**で囲む場合は、この時点でカッコを入力しておきます。

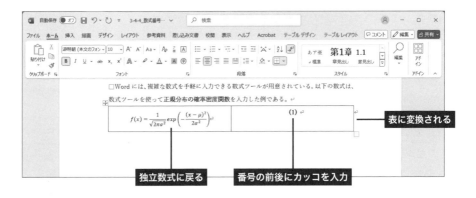

⑨ セルを区切る罫線を右へドラッグして各セルの幅を調整します。

⑩ 各セル内の文字の配置を [**レイアウト**] タブで指定します。

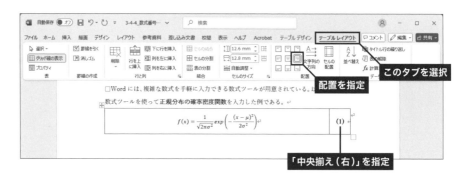

⑪ ⊞ をクリックして表全体を選択します。続いて、[**テーブル デザイン**] タブで「**罫線**」に「**枠なし**」を指定し、表全体の罫線を消去します。

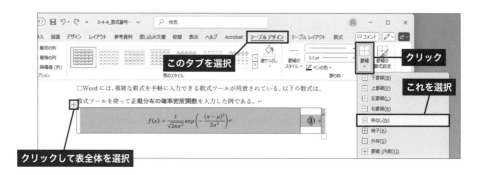

⑫ 以上で**数式番号（図表番号）**の挿入は完了です。数式の文字サイズを変更するときは、数式全体を選択し、[**ホーム**] タブで文字サイズを調整します。

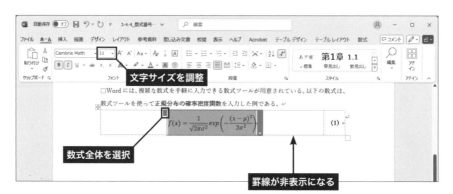

第4章

論文作成を補助する機能

4.1　ナビゲーション ウィンドウ

4.2　検索と置換

4.3　文章の校正

4.4　PDFファイルの作成

第4章では、文書の編集作業を進めていくときに役立つ便利な機能を紹介します。卒業論文に限らず、あらゆる文書に応用できる機能なので、ぜひ使い方を覚えておいてください。

4.1 ナビゲーション ウィンドウ

ナビゲーション ウィンドウは、ページ数の多い文書を快適に操作するときに役立つ機能です。この機能を使うと、文書を延々とスクロールさせなくても、すぐに目的の位置へ移動できます。

4.1.1 ナビゲーション ウィンドウの表示

ナビゲーション ウィンドウを表示するときは、[**表示**] タブにある「**ナビゲーション ウィンドウ**」をチェックします。すると、画面の左側に現在編集している文書の**見出し**が一覧表示されます。

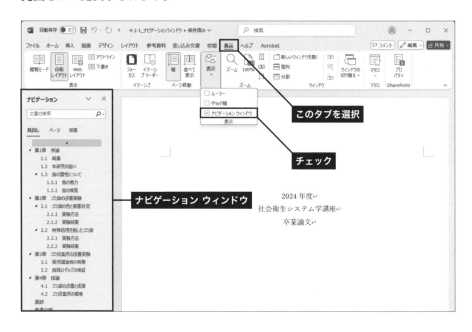

ナビゲーション ウィンドウには、「レベル1」～「レベル9」の**アウトライン レベル**が指定されている段落が一覧表示されます。各見出しの左にある ◢ や ▷ をクリックして、下位レベルの見出しの表示/非表示を切り替えることも可能です。

4.1.2 指定箇所の表示

ナビゲーション ウィンドウは、目的の位置へ素早く移動する際にも活用できます。ナビゲーション ウィンドウにある「見出し」をクリックすると、該当位置を即座に画面に表示できます。

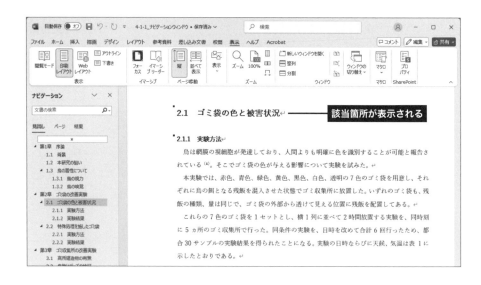

4.1.3 文章構成の変更

　文書の構成を変更するときにもナビゲーション ウィンドウが便利に活用できます。ナビゲーション ウィンドウで「**見出し**」を上下にドラッグ＆ドロップすると、その「**見出し**」と「**本文**」を文書内で自由に並べ替えることができます。**見出し番号**を自動入力している場合は、移動後の状況に合わせて見出し番号も自動調整されます。もちろん、章や節をまたいで文章を移動させることも可能です。

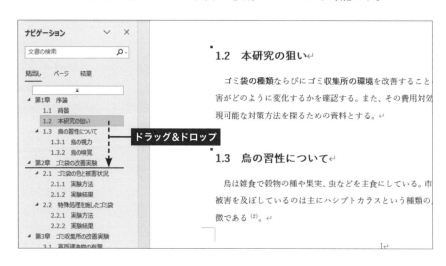

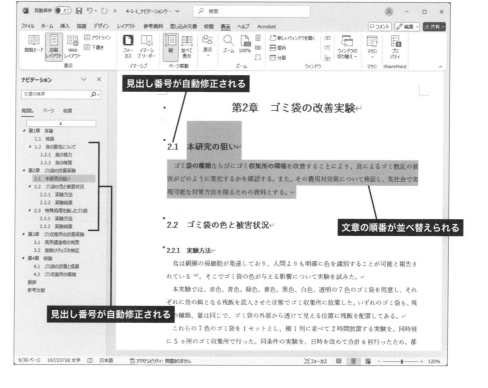

4.2 検索と置換

　文書内で「特定の語句」が記載されている箇所を探したいときは、**検索**機能を利用すると便利です。また、「特定の語句」を「他の語句」に置き換えたり、語句を統一したりするときは、**置換**機能が便利に活用できます。

4.2.1 検索の実行手順

　まずは、**検索**の使い方から解説します。Wordで文字の検索を行うときは、次ページに示した手順で操作します。

① [**ホーム**] **タブ**にある「**検索**」をクリックすると、画面左側に検索欄が表示されます。ここに探している**語句を入力**します。

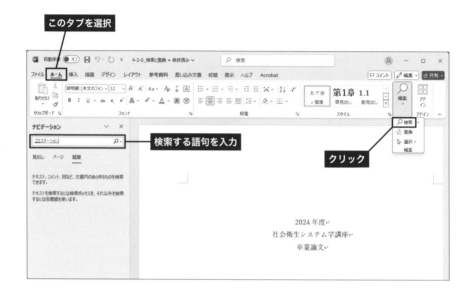

② 検索結果の一覧が表示され、検索された語句が**黄色の背景**で強調表示されます。

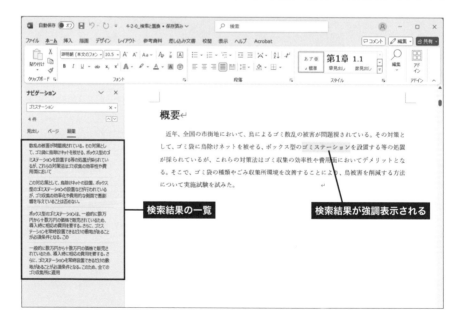

③ 画面左側に表示された**検索結果をクリック**すると、文書内の該当箇所へ移動できます。

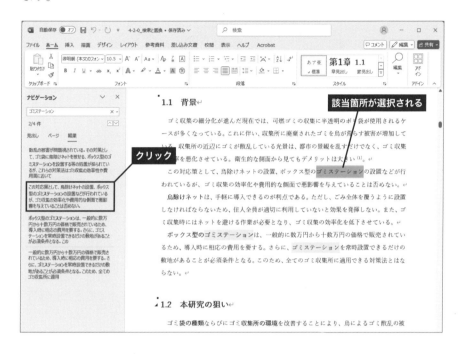

4.2.2 置換の実行手順

「特定の語句」を「他の語句」に置き換えたいときは、**置換**を利用すると便利です。この機能は文書内の語句を統一する場合にも活用できます。

① 文書の先頭にカーソルを移動し、[**ホーム**]**タブ**にある「**置換**」をクリックします。

② 置換の設定画面が表示されるので、「**検索する文字列**」と「**置換後の文字列**」を入力し、[**次を検索**]ボタンをクリックします。

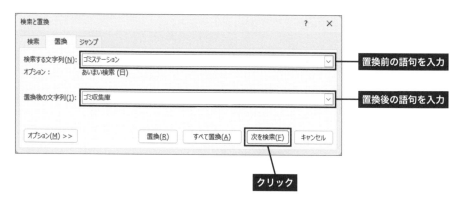

③「**検索する文字列**」に一致する語句が**灰色の背景**で強調表示されます。この状態で[**置換**]ボタンをクリックします。

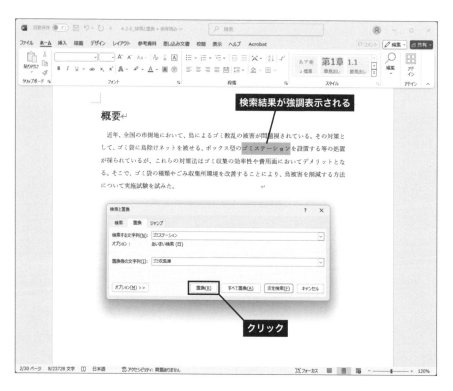

④ その語句が「**置換後の文字列**」に置き換わり、次の検索結果が表示されます。以降も同様の操作を繰り返して、文書内の語句を置換していきます。

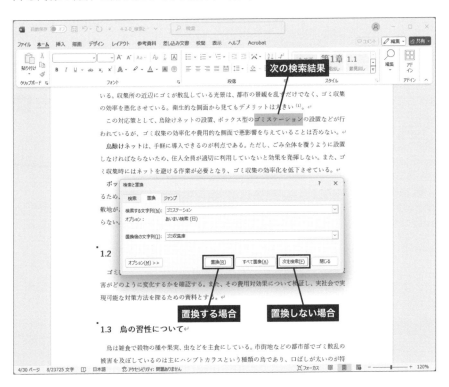

なお、検索された語句を置換しない場合は、そのまま［**次を検索**］ボタンをクリックします。すると、その語句を置換しないで（現状を維持したまま）次の検索結果へ移動できます。

すべて置換

　［**すべて置換**］ボタンをクリックすると、該当するすべての語句をまとめて置換することができます。ただし、この場合は語句をひとつずつ確認できないため、予想外の結果を招く恐れがあります。［すべて置換］ボタンは、置換機能の使い方に十分に慣れてから利用するようにしてください。

4.3 文章の校正

Wordには、誤字・脱字などをチェックしてくれる**校正**機能が用意されています。機械による校正なので完璧とはいえませんが、ケアレスミスなどを発見してくれる場合もあります。手軽に利用できるので、ぜひ使い方を覚えておいてください。

4.3.1 スペルチェックと文章校正

論文を執筆するときは誤字・脱字にも注意しなければいけません。Wordには、ケアレスミスの発見に役立つ校正機能が用意されています。入力ミスや助詞の間違いなどを発見してくれる場合もあるので、本文の執筆がある程度進んだ時点で、いちど試してみるとよいでしょう。

ただし、機械による校正なので完璧とはいえません。漢字の変換ミスなどは発見してくれません。最終的には自分の目で見て校正しなければなりませんが、補助的な校正機能として利用する価値は十分にあると思います。

Wordに用意されている校正機能を利用するときは、以下のように操作します。

① 文書ファイルを開き、[**校閲**]**タブ**にある「**スペル チェックと文章校正**」をクリックします。

224

② 文章の校正が開始され、**発見された校正箇所**が画面右側に表示されます。

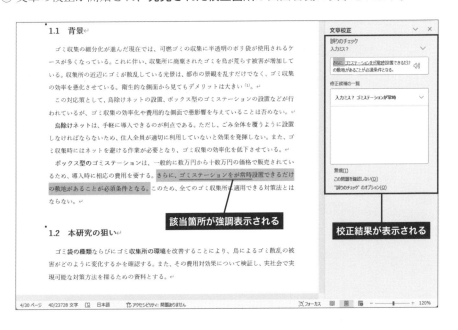

③ 誤字や脱字が確認された場合は、文章の修正を行います。続いて、[再開]ボタンをクリックします。

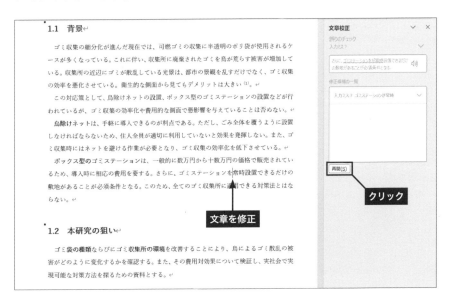

④ 次の校正箇所が表示されます。修正が不要な場合は、「**無視**」をクリックして次の校正箇所へ移動します。

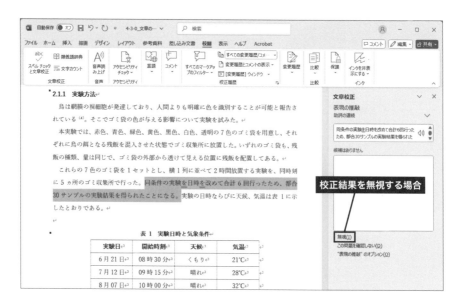

⑤ 文章の校正がすべて完了すると、以下の図のような確認画面が表示されます。［OK］ボタンをクリックして校正機能を終了します。

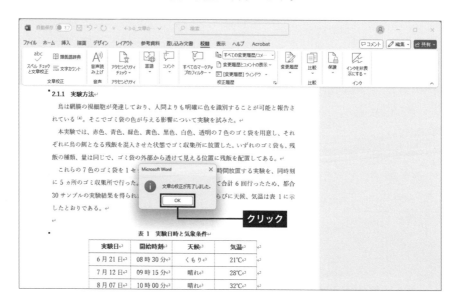

表記ゆれのチェック

「モニタ」と「モニター」のように、同じ意味で表記が異なる語句が発見される場合もあります。この場合は、どちらか一方に表記を統一しておくのが基本です。発見された語句の表記を統一するときは、統一後の表記を「修正候補」から選択し、[**すべて修正**] ボタンをクリックします。続いて [**閉じる**] ボタンをクリックすると、文書に修正が反映されます。

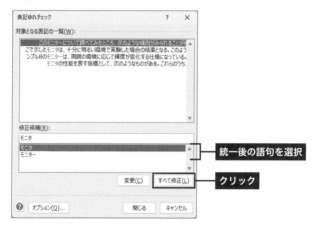

4.4 PDFファイルの作成

　Wordには、作成した文書をPDF形式に変換して保存する機能が用意されています。卒業論文をPDFで提出する場合は、この機能を使ってPDFファイルを作成するとよいでしょう。最後に、PDFファイルの作成方法について解説しておきます。

4.4.1 PDFファイルに変換して保存

　Wordで作成した文書を**PDFファイル**として保存することも可能です。卒業論文をPDFで提出する場合や、他の研究者に卒業論文を送信する場合などに活用すると

よいでしょう。Wordで作成した文書をPDFに変換して保存するときは、以下のように操作します。

① PDFに変換する文書を開き、[**ファイル**]タブを選択します。

②「**エクスポート**」を選択し、「**PDF/XSドキュメントの作成**」を選択します。続いて、[**PDF/XPSの作成**]ボタンをクリックします。

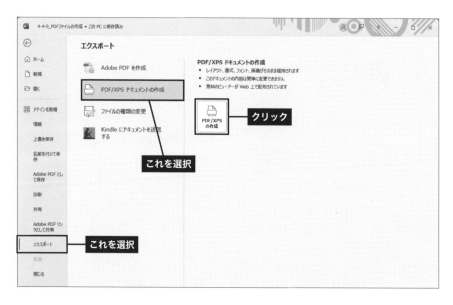

③ **ファイルの種類**に「**PDF**」が選択されていることを確認してから**ファイル名を入力**します。続いて、[**オプション**]ボタンをクリックします。

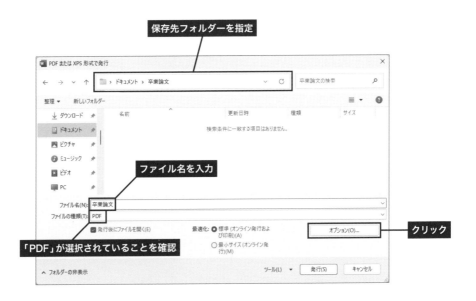

④ 作成するPDFファイルのオプションを指定し、[**OK**]ボタンをクリックします。なお、各オプションの詳細については、4.4.2項（P231～233）で解説します。

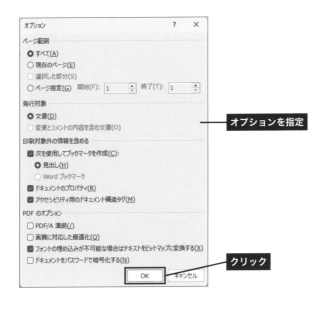

⑤ 手順③の画面に戻るので、[**発行**]ボタンをクリックします。

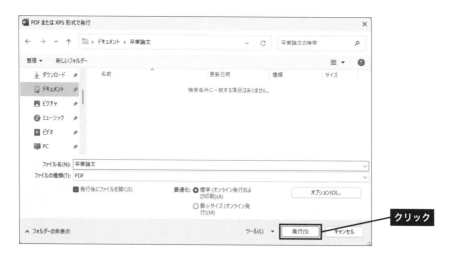

⑥ PDFの閲覧アプリ（Adobe Acrobatなど）が自動的に起動し、作成されたPDFファイルの内容が表示されます。PDFファイルの内容を確認できたら、PDFの閲覧アプリを終了します。

⑦ 保存先フォルダーを開くと、文書がPDFファイルとして保存されているのを確認できます。

　PDFファイルを作成した後も、変換元のWordファイルは削除せずに残しておかなければなりません。PDFは基本的に閲覧専用のファイルになるため、文章や図表などを修正することができません。文書に修正を加えるときは、Wordファイルを開いて修正作業を行ってから、もういちどPDFファイルを作成しなおす必要があります。

4.4.2 PDFファイルの設定

　PDFファイルを作成する際にオプションを指定することも可能です。ファイルの保存画面では、「標準」または「最小サイズ」のいずれかを指定します。この設定は、特に理由がない限り「**標準**」を指定しておくのが基本です。「**最小サイズ**」を指定するとPDFファイルの容量を小さくできますが、そのぶん画像が劣化することに注意してください。

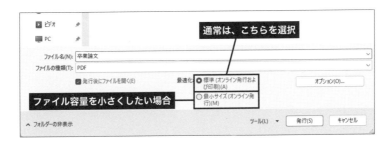

［**オプション**］ボタンをクリックすると、図4.1の設定画面が表示されます。ここでは、PDFファイルとして保存するページ、目次情報の追加などを指定できます。

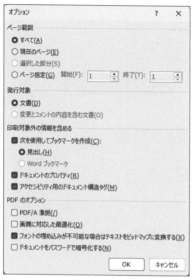

図4.1　PDFのオプション設定画面

以降に、各設定項目の概要を紹介しておくので参考にしてください。

■ページ範囲

　文書の一部をPDFに変換する場合に利用します。一部のページだけをPDFファイルとして保存するときは「**ページ指定**」を選択し、PDF化するページの範囲を指定します。なお、ここで指定する数字はページ番号ではなく、文書の○枚目から○枚目となることに注意してください。

■発行対象

　通常は「**文書**」を指定します。「**変更とコメントの内容を含む文書**」を指定すると、変更履歴やコメントを含むPDFファイルを作成できます。
※この項目はWordの「変更履歴の記録」が有効になっている場合にのみ選択できます。

■印刷対象外の情報を含める

　「**次を使用してブックマークを作成**」をチェックし、「**見出し**」を選択すると、PDFファイルに目次機能（**しおり**）を追加できます。ただし、この機能を利用するには、

それぞれの見出し（段落）に適切な**アウトライン レベル**を指定しておく必要があります。

■ PDFのオプション

ISO規格（ISO 19005-1）に準拠したPDFを作成するときは、「**PDF/A 準拠**」をチェックします。この項目をチェックすると、文書内で使用したフォントをすべて埋め込んだPDFを作成できます（埋め込み不可のフォントはビットマップに変換されます）。

「**ドキュメントをパスワードで暗号化する**」をチェックすると、パスワード付きのPDFファイルを作成できます。この場合は、正しいパスワードを知っている人だけがPDFファイルを閲覧できるようになります。

索　引

【英数字】

1行の高さ	36、48
1ページ	123
2次元形式	207
2段組み	49、62
LaTexコマンド	206
Microsoft Search	64
Normal.dotm	17
OneDrive	12
PDF	227
PDF/A準拠	233
pt	26
Unicode	198

【あ】

アウトライン	103、110
アウトライン レベル	98、140、148、151、217、233
アクセント	204
新しいアウトラインの定義	103、110
色の設定	27
色の変更	194
印刷	54
印刷の向き	44、47
インデント	35、43
上付き	29、204
上書き保存	11
欧文フォント	25

【か】

改ページ	58
概要	68、126
下線	28
画像	158
画像の挿入	158
画像の配置	162
カッコ	203
記号と特殊文字	202
行送り	48
行間	16、36、43、48
行間のオプション	39
行形式	207
行数	47、75
ギリシャ文字	202
均等割り付け	33、125
句読点	71
グラフ	187
グラフ タイトル	192
グラフの作成	187
グラフの配置	191
グラフの編集	192
グリッド線	36
罫線の書式設定	177
検索	219
校正	224
項見出し（スタイル）	119
コピー	63、187

【さ】

参考文献	70、149
しおり	232
軸の書式設定	194
下付き	29、204
自動保存	15
謝辞	70、146
斜体	28、199
出典	197
章見出し（スタイル）	116
数式	198
数式の入力	198
数式番号	210
スタートメニュー	2、5
スタイル	77、100、113
スタイルの管理	93、95
スタイルの作成	78、88
スタイルの適用	81
スタイルの編集	84
図表番号	163、183、196、210
図表番号の更新	170
図表番号の書式設定	166
スペルチェックと文章校正	224
セクション区切り	60、129
節見出し（スタイル）	117
相互参照	167、185
相互参照の更新	170

【た】

高さを揃える	182
タブ	6
段組み	49、60
段落	31

段落（ウィンドウ）	39、41、42、98
段落記号	31、55
段落後（の間隔）	41、43
段落前（の間隔）	41、43
段落前で改ページする	116
置換	221、
中央揃え	33、162、182、191
次の段落と分離しない	117、119
データ系列の書式設定	195
等幅フォント	25
独立数式	208
とじしろ	47
取り消し線	28

【な】

ナビゲーション ウィンドウ	102、216
名前を付けて保存	9、13
日本語フォント	25

【は】

白紙の文書	4
幅を揃える	182
貼り付け	63、187
番号書式	105
左揃え	33
表	172
表記ゆれ	227
表紙	67、121
表示倍率	53
標準（スタイル）	113
標準テンプレート	16
表の作成	172
表の配置	180

235

フィールド更新	170
フォント	24、38、77
フォント（ウィンドウ）	30
フォント サイズ	26
フォントの色	27
複数ページ	123
フッター	132、137
太字	28
ぶら下げ	153
プロポーショナルフォント	25
分数	200
文中数式	208
ページ設定	44
ページ設定（ウィンドウ）	46、61、74、114
ページ番号	132
ペースト	63
べき乗根	200
編集記号の表示／非表示	55、59、60
ポイント	26
本文の文字サイズ	48、75

【ま】

前と同じヘッダー／フッター	132
右揃え	33
見出し番号	103、218
目次	68、137
目次の更新	144、155
目次のスタイル	140
文字色	27
文字サイズ	26、38
文字数	47、75
文字スタイル	87、120
文字の配置	33、43、176

文字列を表にする	212
元に戻す	63

【や】

やり直し	63
要旨	68
用紙サイズ	44、46、55、74
用紙の向き	44、47
要約	68
余白	45、47、55、74

【ら】

リボン	6
両端揃え	33
リンクスタイル	87
レイアウト オプション	163

執筆陣が講師を務めるセミナー、新刊書籍をご案内します。

詳細はこちらから

https://www.cutt.co.jp/seminar/book/

先輩が教える㊲
論文・レポート作成に使う
Word 2024 活用法

2025年2月10日　初版第1刷発行

著　者　相澤 裕介
発行人　石塚 勝敏
発　行　株式会社 カットシステム
　　　　〒169-0073 東京都新宿区百人町4-9-7　新宿ユーエストビル8F
　　　　TEL　（03）5348-3850　　FAX　（03）5348-3851
　　　　URL　https://www.cutt.co.jp/
　　　　振替　00130-6-17174
印　刷　シナノ書籍印刷 株式会社

　　　　本書の内容の一部あるいは全部を無断で複写複製（コピー・電子入力）することは、法律で認め
　　　　られた場合を除き、著作者および出版者の権利の侵害になりますので、その場合はあらかじめ
　　　　小社あてに許諾をお求めください。

本書に関するご意見、ご質問は小社出版部宛まで文書か、sales@cutt.co.jp 宛に e-mail でお送りく
ださい。電話によるお問い合わせはご遠慮ください。また、本書の内容を超えるご質問にはお答え
できませんので、あらかじめご了承ください。

Cover design Y.Yamaguchi　　　　　　　　　　　Copyright©2025　相澤 裕介
Printed in Japan　ISBN 978-4-87783-561-3